羅刹ノ国
北九州怪談行

菱井十拳

竹書房
怪談
文庫

●菱井十拳（ひしいじゅっけん）

この本の著者。六十歳超。銀髪でダンディさがモットー。靴はいつもピカピカ。若い頃は日本料理の修業をしていたが、新しい味を求めて地方を経巡るうちに歴史・民俗学的なところにも興味を持つ。一時、ラーメン業界に参入しようとしたが、とんでもない原価のスープを作り上げ挫折。その経験を綴ったものが好評で文章を書き出す。偶々知り合った心霊マニアを凹ませてやろうと、そのライター時代に聞き込んだ怪談を内輪で披露していたが、それが切っ掛けで怪談書きの道に。

●雨宮淳司（あめみやじゅんじ）

怪談作家。心霊マニア。菱井氏より二つ年下。法整備のされていない時代の精神病院業界で働き、おかげでいろいろ歪んで目つきが悪い。後にその間聞き込んだ怪談を発表。菱井氏を怪談業界に引き込んだ張本人。酒の飲み過ぎを自覚し節制中で、ダイエットも行うが三日坊主。頭髪が何かに祟られて危なかったが、奇跡的に盛り返す。外見的には競馬場にいるような普通のオッサン。

●菅原さん（仮名）

二十代後半。オカルトをこよなく愛する人。高身長で甘いマスクという恵まれた外見でありながら、話題が西洋魔術・都市伝説・怪談ばかりなので女性にモテないらしい。押しが弱いと菱井氏らに評されるが、本人はのほほんとしている。某施設で働く傍ら、ステップアップで大学院を目指しているとの情報も。勉強のしすぎなのか毛髪量の衰えが見られ、雨宮式増毛法を勧められるが断固拒否してヘアサロンに通っている。

はじめに

前著、『修羅ノ国 北九州怪談行』は、私なりに精一杯怪談読み物に寄せたつもりであったが、やはり竹書房怪談文庫のメインストリームからは、やや外れているせいか、概ね「期待していたほど怖くない」というような御感想を多く頂いた。

しかし、別の興味からの新規読者の方々、特に歴史に関心のある層の購入があったようで、思いの外、部数は伸びたようである。また、北部九州の書店の皆様にも御努力頂けたらしく、続刊へと繋げることができた。

ここに、改めてお礼を申し上げたい。

然るに、今回も内容的には同じような雰囲気になるかと思われるので、背筋の凍り付くような王道怪談を期待される向きには、少し傾向が違う旨をお含み置き頂きたいと思う。

その代わりと言っては何なのだが、清水崇監督による映画『犬鳴村』と、こちらも中村義洋監督の手で映画になっているが、小野不由美さんの傑作『残穢《ざんえ》』に出てくる「北九州一の怪談」について、例のメンバーと一緒に考察とルポを行ってみた。

結果的に両者に関わる羽目になったというのが正確なところだが、詳しくは本編を御覧頂くとして、メジャーどころの裏話として是非お楽しみ頂ければ幸いである。

ただし、注意点を挙げておくと、『犬鳴村』のほうは、我々の知っている犬鳴トンネル近辺の怪談や情報が主となるのだが、『残穢』を未読の方は、かなり細かい話が出てきてそちらの興を削《そ》ぐ恐れがあるので、この本を読むのは後回しにしたほうが良いと思われる。

ここで「『残穢』ってフィクションじゃないの？」と思った方もおられるだろうが、非常によくできた虚実綯《な》い交ぜの巨大な怪談であるせいで、現実の歴史と色々繋がってしまっているようなのである。

特に「北九州一の怪談」の部分である。つまり、炭鉱王奥山家に関する怪談。怪談ファンの間では「奥山怪談」と略されているようだが、追っていくと個人的にも興味を惹かれることが多々あった。

小野不由美さんが、これを想像だけで書いたとすると、それ自体が怪談なのだが、更に私が関わった菊姫伝説を含む『九州一の怪談』と奇妙な親和性を持っているので、前著では省いてしまったが、こちらのほうに関して念のため概略を触れておきたい。

前著もそうだったが、この菊姫伝説を主とした北九州・宗像《むなかた》における「非常によくできた虚実綯い交ぜの巨大な怪談」は、どうしても地元怪談を深掘りすると関わってきてしまう。

なので、簡単に纏めてみたので、本編を読み進める前に頭の隅にでも留めておいてもらいたい。

※大内義隆に謀反した陶晴賢《すえはるかた》によって、七十九代宗像大宮司（宗像氏当主）宗像氏男《うじお》が自刃に追い込まれる。

七十八代宗像正氏《まさうじ》は陶晴賢の姪との間に二子を設けており、これを擁立すれば宗像氏を乗っ取ることができる。そのため、後継者となりそうな、

・氏男の弟、千代松丸
・七十七代大宮司の宗像氏続《うじつぐ》
・氏男の正妻であり、七十八代正氏の娘である菊姫

以上の三者を陶晴賢は殺すことにする。

※前二者は執拗《しつよう》に追跡して殺害。菊姫については刺客を送り、天文二十一年三月二十三日、山田の屋形で、家人もろとも皆殺しにする。

これは「山田事件」と呼ばれている。
このとき殺されたのは、
・菊姫
・菊姫の母であり、七十八代宗像大宮司・正氏の妻であった、山田の君
・侍女である、花尾局《はなおのつぼね》、三日月《みかづき》、小夜《さよ》、小少将《こしょうしょう》
……の、女六人であった。

※陶晴賢の姪、照葉の君の長子は、宗像氏貞《うじさだ》として八十代宗像大宮司となる。妹は色姫という名で宗像領で養育される。
※祟りが起き始め、山田事件の刺客全員と一族郎党が死滅。
※陶晴賢も宗像三女神所縁《ゆかり》の地、厳島《いつくしま》で毛利元就《もうりもとなり》に破れ滅ぼされる。
※色姫が突然、山田の君に憑依され、母である照葉の君の喉笛に食らいつく。以後何年も色姫は狂乱の状態が続く。照葉の君は傷が癒えずやがて病没。

※怨霊の祟りは凄まじく、宗像領内で次々と死者が出る。比叡山から名僧を招請し天台の秘法（平釜で怨霊の墓を覆って祈祷する）を行うが失敗。このとき、平釜を作ったのが芦屋釜で有名な芦屋集落の職人達であったが、やがて衰退し鋳物の技術は途絶える。

※戦国期、宗像氏貞は奮戦するが、豊臣秀吉の九州平定直前に病没。秀吉によって、宗像家は廃絶される。

・この後、宗像領は朝鮮への出兵のための補給地となり、石田三成らが一時管理する。後に小早川秀秋の所領となる。

・秀吉死去後、石田三成は関ヶ原で敗れ斬首。小早川秀秋は関ヶ原の戦いの功績で加領され岡山藩主となるが、二十一歳の若さで不審死する。

・後に徳川家康の手によって、豊臣氏宗家も滅亡する。

その後のことは端折《はしょ》って……前著『修羅ノ国 北九州怪談行』の要諦は、心霊スポットと言われる「力丸ダム」の元凶が、ダム湖の底に沈む土地にあるのではないか、そこが宗像氏廃絶後に帰農した、宗像の家臣の人々が開拓した土地であったせいではないか、また、菊姫の怨霊は今でもその所縁の地を経巡《へめぐ》っているのではないかということだった……。

目次

天狗礫《てんぐつぶて》

発端としては、これであった。

前著『修羅ノ国 北九州怪談行』収録の「天狗倒し」に絡んで英彦山《ひこさん》での話かと思われたかもしれないが、北九州市小倉南区に住んでいる三十代の女性の話である。

どこかから飛んできて、それが石だと認識できるものの、いつの間にか消えていたり、あるいは石そのものは存在するが、それによって何かの事象が引き起こされたりする。

そのような伝承が各地にあり、そもそも誰が投げたのかが分からない点が共通しているので、総じて「天狗礫」という名称で呼ばれている。

大抵は、空から石が降ってきたというもので、石の数も多いようである。地面に落ちきる前に消えてしまうというような、ある意味風流な例もあるようだ。

「石降り」とも言うようだが、そう呼ばれる場合は、どうも屋内での例が多いような気がする。

そもそもは、怪談作家の雨宮君が拾ってきた話で、例によって小倉の行きつけのバーの片隅で自慢げに話を始めた。

「職場の同僚の友人で、小さな家に一人住まいをしている独身女性なんですけどね。所謂《いわゆる》アラサーの人」

例の怪談蒐集癖を何かの折に発揮して、その人に偶々《たまたま》思い出させてしまったのに違いないが、同席していた私と菅原さんは、まあ黙って聞いていた。

「滅多に起きないそうなんですけど、道を歩いていると『ポイッ』というような感じで、行く手の足元に向けて小石が放り出されるんだそうです。で、周囲を見回してみても誰もいない」

「で？」

「いや、現象としてはこれが全てです」

「それだけ？」

「……まあ、何というのか可愛らしい怪異だが、天狗礫……と言えば、その範疇《はんちゅう》と言えるのかな」

「なあんだ」菅原さんが、不満げな声を上げた。

「僕は、ファフロッキーズの話だと思って楽しみにしていたんですよ」

「ファフ……何？」

「空からいろんな物が降ってくる現象を、オカルトマニアはそう呼んでいるみたいです。魚が大量に降ってくるというのが有名かな」

「ファフロツキーズねえ。何語なんだよ。……綴《つづ》りは？」

何故か雨宮君と菅原さんは急に二人して、チッチッチッと舌打ちしながら顔の前で人差し指を振った。

「その件は、禁忌《タブー》になっているからダメです」と言われ、二の句が継げないうちに天狗礫の話に戻った。

「その人の子供の頃から、時々それは起きていたそうなんですが、ささやかな怪異すぎて、ひょっとしたら見過ごしていたことも多かったかもと」

「石自体は存在していたのか？」

「一度拾って、暫く持っていたらしいですよ。ここは興味深いところなんですが、石は共通して小ぶりの黒い石だということです。そして、何か文字が書かれていたような跡があると」

「文字？」

「いつも消えかかっていて、読めないんだそうです。金泥《きんでい》か何かで書かれていたのが剥がれた感じ。多分漢字一文字」

「手が込んでいるな」

「それが、頻度は多くないにしても、何十年も？　拾った石は現存しているんですか？」

「いや、怪談あるあるで、どこに行ったか分からないと……」

「え？　……それじゃあ、どうにも調べようがないな」

と、私がダメ出し宣言をした途端、皆が一斉に飲み物のお代わりを注文した。

話した本人も急にどうでもよくなったような感じで、泥酔する気満々である。

「まあ、その石で何か起きたとか、その後の展開がないと怪談にはならないんですよねえ」

「実はその人が物質化現象《マテリアライゼーション》を起こしているとか」

「ないない」

「実は物品引き寄せ《アポーツ》が得意とか」

「普通の人ですよ」

天狗礫の話は、一旦そこで打ち切りとなった。

が、酔っ払ってくると、このメンバーでは、結局はまた怪談話に行き着くことになる。

「あ、そういえば、重大なことを思い出しました！」と、菅原さん。

「何？」

「この間行った力丸ダムですが、あの堤頂面から突き当たった山の上に、謎の建造物があるそうです。何でも重厚なコンクリート製で、作りかけの感じ、しかも巨大で使途不明という」

「……それは、ダムを造ったときに使った、ケーブルクレーンの基礎だ」

私と雨宮君が同時に言った。

「……そうなんですか」

菅原さんは自慢したかったようだが、瞬殺されてがっくりと肩を落とした。

「ユーチューブで見たときは、本当に謎っぽかったんですが」

「比較的最近でも、そういうことが起きるんだよな。時間が経てば経つほど、どんどん忘れられていって、それが何だったのか分からなくなる」

「廃墟なんかもそうですね」

「そういう廃墟の怪談って、大抵後付けの噂から発生しますよね」

「そして、どんどん心霊スポットになっていくんだ」

嘆かわしいことだ、と皆で嘆息したが、よく考えたら何が嘆かわしいのかが分からない。そういう嘆かわしい場所が、三人とも大好物だったからだ。

「そうだ、心霊スポットと言えば」と、菅原さんがまた何か話題を思い出したようだった。

「『犬鳴村』が映画化されるそうですよ」

「犬鳴村？　じゃあ、フィクション枠かな。そもそも、そんな村なんてないからな。何か原作なんてあったたっけ？」

「都市伝説の話を、オリジナル脚本でやるんじゃないですかねえ」

「犬鳴のトンネルが出てくるのかな？」

「旧トンネルの近くにあるってことになってますからね。当然出るでしょう」

「……でもなあ、俺達の若かった頃には誰か住んでいる、くらいの話はあったが、『村』なんて噂はなかったぞ」

「ですねえ」雨宮君が同意した。

「多分、『杉沢村』の話から拡大再生産されたんじゃないですかねえ」

「ダム湖の底に沈んでいるのは『犬鳴谷村』で、普通の集落だったたんだもんな」

「杉沢村」というのは、説明するまでもないと思うが、大量殺人があって無人となり、地図から消された呪われた村が存在するという、ゼロ年代初頭に流行った都市伝説である。

こちらは青森県でのこと、となっているが青森県新和村で起きた猟銃での一家七人殺しとか、「八墓村」のモデルとして有名な津山事件等色々なモチーフから、インターネット上の掲示板を通じて発生したことになっている。

面白いのは、どちらも村の入り口に、看板が掲げてあることだ。杉沢村では「ここから

先へ立ち入る者　命の保証はない」と書かれており、

「犬鳴村では『コノ先、日本国憲法通用セズ』でしたよね」と、菅原さん。

「ああ、その話は結構前からあったもんな」

「ということは、犬鳴トンネル怪談のモチーフも杉沢村に取り込まれていて、それがまた犬鳴村として、拡大再生産されたということですかね？」

「まあ、そういうことだと思いますよ」

かなり酔っ払ってきた様子の雨宮君が、へらへら笑いながら、

「まあ、犬鳴の看板は本当にあったんだから、都市伝説とはちょっと違うけどね。あっ、マスター、マティーニ頂戴。オリーブは要らないよ」

「……いや、ちょっと待って下さい」

「何？　オリーブの実は嫌いなんだよ」

「そうじゃなくて、その……伝説の看板は、本当にあったんですか？」

凄いぞ、ラピュタは本当にあったんだ、といった感じで菅原さんは食いついてきた。

「うん。ちゃんと角材の杙《くい》に板を付けて、臙脂《えんじ》色のペンキで下地を塗って、白色のそれで文を描いてあったな」

「『コノ先、日本国憲法通用セズ』って、ですか？」

「そうそう。御丁寧に雨風除けのビニールも被せてあった」

「それ、いつ頃の話だ？」私が訊くと、

「私が十代の頃だから、もう四十年くらい前ですよ。菱井さんは見なかったんですか？」

当時のバイクや車を持った周辺の若者は、大して娯楽もないので、つい犬鳴へドライブに行くことが多かったのだが、私はその看板を目にしたことはまるでなかった。

「とすると、それがあったのは結構短い間かな？」

「それは、よく分からないですねえ。あれって、すぐ破壊されてしまってたんですけど、気が付いたら新しいのがあったりして、何代か継続していた気がします」

「破壊される？」

「訪問者というか、暴走族というか」

「ああ……。当時は全盛期だったもんな」

「ええと、じゃあそれって誰が立てていたんでしょう？」

菅原さんが、そう言って話を進めようとしたのだが、

「決まっているじゃないの」

出されたマティーニを啜《すす》りながら、雨宮君は据わった目つきで、

「けど、素直に教える気にならないので、推理してみて下さい」と、宣《のたま》った。

だいぐれん

看板の件については、次に三人が顔を合わせるまでお預けということになってしまい、その日はそれでお開きになった。

私は当時を思い返すと早々に回答の目星も付いてしまっていたので、もはや推理の楽しみもなく、引き籠もり気味の毎日に戻った。

特に何事もなく日常が過ぎていったが、ある日郵便受けに訃報が入っているのを見つけた。この年齢になると珍しいことでもないのだが、それには私が若い頃に食いっぱぐれて、住み込みで板前の真似事をさせてもらった割烹料亭の奥様の名前が印刷されていた。

お世話を掛けてしまった店主でもある御主人は、もう十年以上も前に亡くなっており、御内儀のほうももう九十歳近かったはずである。

店自体もとうになくなってしまっていたのだが、予期しないこの通知は、御子息が故人の交遊録に載っている住所全てに知らせを送ったということらしかった。

おかげさまで、なかなか青臭かった時期を思い出させてもらって、今にして思うと忸怩《じくじ》たるものがあったが、そんなことより懐かしさが上回った。

奥様には色々迷惑も掛けていたので、一度焼香くらいは行かないといけないかと考え出したのだが、付随して若かりし頃の奥様がずっと首を捻っていた奇妙な怪談話を思い出した。

確か一九八〇年頃のことである。冬の時期だ。

夜中の零時を回った頃、取り回しだった私が板場の掃除を終えて包丁を磨いていると、奥様が汁粉を作ったから終わったらおいでと、声を掛けてくれた。

腹も空いていたので、店の奥にある六畳の炬燵《こたつ》に入れてもらい、それを一心に食べていると、廊下に置いてあった黒電話が鳴った。

丁度傍にいた奥様が受話器を上げる。

会話が漏れ聞こえてきたが、どうやら相手は奥様の姉らしく、暫く連絡を取っていなかった様子で、最近の出来事などを伝えていた。

大阪の人と結婚して、向こうで家庭に入っているのでなかなか会えないのだとは、日頃から耳にしていた。いつも零時頃には営業が終わって一息ついているので、電話して構わないと年賀状に書き添えていたとのこと。

暫く話し込んだ後、身体が冷えたらしく奥様は「おお、寒い」と言いながら炬燵に手足を突っ込んできた。

そして、何故かニヤニヤした感じで、

「姉がね、傍に若い男の子がいるでしょう、って言うのよ」

「……はあ」

何のことだか分からず、私は首を傾げた。声なんか出さなかったはずである。

「昔から、ちょっと千里眼なところがあるんだけど、変わってないわねえ。安心したわ」

「へえ。超能力者ですか」

「そんな大それたものじゃないと思うんだけど、とにかく物事を言い当てるのよね。……でも、一度、それも通用しなかったことがあったわね」

何だかその目が昏《くら》い感じになってきていたので、別に催促した訳でもなかったのだが、奥様は何故か話しておきたい風であった。


一九四五年の八月八日に、北九州の当時の八幡市は米軍の大空襲に遭った。

奥様の一家は近隣の簡易な防空壕に避難していたが、隣家のNという一家は偶々、子供連れで出かけていた。そして、出先の近くにあった小伊藤山の大型防空壕に逃げ込んだらしかった。

こちらは念を入れて作られた、投下爆弾の直撃にも耐えるとされた堅牢なものであった。だが、この空襲はちょっと特殊で、ドイツ降伏後に余剰になった石造り家屋用の貫通力の高い焼夷弾や、もはやナパーム弾と呼称したほうが良いような、猛烈な火焔を発するものが使用された。

二百二十機余りのB‐29が飛来し、四十五万発とも言われる焼夷弾が撒き散らされ、小伊藤山の大型防空壕の中にいた二千人余りの人々は、高温のナパームによって、ぎゅうぎゅう詰めのまま蒸し焼きになってしまった。

……そして間もなく終戦となった訳だが、皮肉なことに一家が全滅してしまった隣家の住居は、奥様の家とともに戦禍を免れてそのまま残っていたそうだ。

終戦の年の秋口、当時十四歳だった奥様が自宅の窓からその家のほうを見ると、国民服姿の男が縁側に座ってぼんやりとしている風だった。

「誰だろう?」

腹を減らした帰還兵が迷い込んできているのかもしれないと思って、警戒しながらよくよく見ると、それは隣家の主人であるNさんであった。

一家全滅じゃなかったんだ、良かった、と思ったが、他には誰もいない。

Nさんだけ助かったのか?

日頃、物資の乏しい中助け合っていた近所付き合いもあり、声を掛けにくいが挨拶だけはしておこうと奥様は思った。

玄関へ行こうと振り返ると、

「やめなさい」

そこには姉がいて、通せんぼをして制止した。

「あれは、死人です」

「え？　何を言ってるの？　あそこに、ちゃんと」

振り返って見ると、糸を緩めたマリオネットのように庭にくずおれたNさんが、そのまずるずると、背中を地面側にして隣家の床下に吸い込まれていくところだった。

一瞬、首や手足がばらけたように見えた。

……生きている人間に、そんなまねはできない。

とんでもないものを見たと思い、隣家には近づくまいと決心した。

四、五日が経った。
母親が、誰かにさつま芋を分けてもらったと言って喜んでいるので奥様が訊くと、

「Nさんだよ」と言う。

あそこは一家全滅しているよ、と言うと、

「何を馬鹿なことを言っているの」と、一笑に付された。

そもそも、一家全滅の情報を聞き込んできたのは母なのに、である。

奥様は異変を感じて、姉を探した。

が、見つけた姉は庭先で、当のNさんと楽しそうに話し込んでいたのであった。

絶句して立ちすくんでいると、

「ちゃんと、御挨拶しないと」と、姉に叱責された。

「姉さん？」

何のつもりか目顔で訊ねたが返答はなく、同じことを言われた。

仕方なく通り一遍の挨拶をすると、Nさんは微笑んで、

「あなたも御無事で良かった」と言った。

その血色は良く、まるで生きた人間だとしか思えない。どこかへ出かける前だったようで、雑嚢《ざつのう》を背負い、足回りはゲートルで固めてあった。

更に姉との会話は続いていたが、

「じゃあ、これで。時間なので」とNさんは不意に言うと、通りに出て彼方に見える焼け跡のほうへ、しっかりとした足取りで歩いていった。

見ていると、反対側から来る人はちゃんとNさんを避けて通り、水溜まりに足が入ると水が撥《は》ねた。

暫くして家の中に戻り、姉と二人っきりになったときに、

「どういうつもり？」

と訊いたが、何のことか分からない様子だった。

奥様が必死の勢いで、隣家は一家全滅していると話すと、

「あっ！」と、言ってようやく思い出したようだった。そして、右往左往して唇を噛みながら、

「操られてた。頭の中を弄くられた気分で腹が立つけど、太刀打ちができない」

どうしようもない、と言うのだった。

姉妹は恐怖に震えたが、しかし、それっきりNさんは二度と現れなかった。

隣家は相続人が売却したらしく、暫くして新しい入居人があったが、奥様が二十歳頃家を出るまで、何の異変もない様子だったという。

せっかく思い出したので、雨宮君が来訪した折に、この原稿を見せてやった。

「拝読します」と言っていたが、目つきが悪いので、斜め読みしているように感じるのは

気のせいだろうか。

読み終えると、乃木希典《のぎまれすけ》を訪ねてきた息子さんの幽霊とか……


「希《まれ》に、こういう感じの幽霊の話を聞きますね。乃木希典を訪ねてきた息子さんの幽霊とか……」


「会社の仕事場に訪ねてきて、出されたコーヒーを飲んで帰っていったっていうのもあったな。どの本で読んだのか忘れたけど」

「まあ、生きていたときの姿で、真っ昼間にでも現れるっていうのは共通してますかね」

「こういうのは、どういうふうに捉えたらいいのかねえ？」

「何となくですが、力業の感じがしますね。……ストロング系？」

「無理矢理、辻褄を合わせて出てくるのか」

「なら、力があったら出ずっぱりもできるのかな」

「出ずっぱり？」

「この話では、いなくなってくれたから良かったけど、居座られたらどうなったんでしょうかね」

「……そういや、そういう幽霊の伝承があるぞ」

「……あるんですか」

福岡市の西区に小田《こた》というところがあるが、江戸末期のそこでの話。糸島市に近いので「糸島の伝説」として括《くく》られていることが多い。

一軒の農家にある婆さんが住んでいたが、元々意地悪婆さんとして有名で、近隣や家族にもあまり良く思われてはいなかったらしい。

ある頃から中風を病み、それまでの行いが祟って親身に世話をされずに亡くなってしまった。

放置状態だったのかもしれないが、何分昔のことであり誰も責められないとは思うのだが、当の婆さんとしては相当頭にきたらしく、葬式の翌日から幽霊になって現れた。

臨終のときの姿なのだが、平然と家の中に居座り、家族に対して茶碗を投げつけたり、家具を引っ繰り返したりして猛烈に暴れ始めた。

家族が逃げ出すと追いかけてくる。

逃げ込んだ先の家にも入ってきて、乱暴狼藉《ろうぜき》を行い、一旦は墓地のほうに帰るのだが、毎日欠かさずやってきては同じように暴れ始める。

村人は大いに弱り、協議して盛大な施餓鬼《せがき》法要を行うことにした。

近隣から僧侶を多数招き、婆さんの家の庭には豪華な祭壇が設けられ、村人は心からその成仏を願った。

するとどうであろう。

婆さんは白昼にも拘わらず皆の前に姿を現し、施餓鬼棚をぶっ壊して、僧侶を蹴散らし暴れ回った。

……結局、何度も法要を行ったが失敗し、京都から高僧を招き、その知恵を借りることになった。

高僧の指導の下、村人総出で「一字一石塔」を建立した後、ようやく老婆の霊障は収まったという。

地元では、この老婆のことを「だいぐれん」と呼び、今に伝わっているという話である。子供達の躾で、「早く寝ないと『だいぐれん』が来るぞ」などと使うらしい。

「『だいぐれん』って、何か巨大合体ロボっぽいネーミングですね」

と、雨宮君は全てを台無しにするようなことを言った後で、急に真面目な口調で、

「で、『一字一石塔』って、何なんですか？」と、訊いた。

「一字一石塔というのは、小石に一文字ずつ般若心経などの経文を写経して、膨大な量のそれを埋め、その上に石塔を建てたものだな。小石自体は『一字一石経』という。写経の

謂わば究極形態だ」

「一字一石って……」

「あっ」雨宮君の言いたいことが急に分かった。

「あの、天狗礫に文字が書いてあったってのは……そういうことか」

小倉の酒場と犬鳴の真実

石に経文を墨や朱で書いてあるものを「礫石経《れきせききょう》」と言い、一つの石に一文字ずつ写してあるのを「一字一石経」と言うが、大きめの石に複数の文字が書いてあるものは「多字一石経」と言う。もっとも、石には表裏があり、両面に一文字ずつ書いてあるものがあったり、実際には色々な種類があるようだ。

概ね、それらを多数土中に埋め、その上に石塔等が建っているようだが、目的としては飢饉《ききん》等で亡くなった人々の追善供養であったり、「だいぐれん」の例で見るように石の呪力によって、何かを鎮魂するような使途であったと思われる。

実際に地中から発掘された様子を見ると、経文の書かれていない同じような小石と混ざって出てくる場合も多く、恐らくは経石の呪力は他の石へと伝播し、周辺に強力な呪力フィールドを作ってしまうような、そういう一種の霊的装置であったという見方もできるらしい。

以上のようなことを調べているうちに、俄然興味が湧いてきたので、その雨宮君の同僚の知り合いという人に取材ができないかを訊いてみた。

「うーん。どうかな、忙しい人みたいだから」と、雨宮君は渋っていたが、数日して、「オーケーだそうです。やはり、一字一石の話が気になったようで」と、返事が来た。

雪のない冬であったが、その日は朝から雨で底冷えがしていた。コウモリ傘を持ち、オーバーコート等で着膨れした私と雨宮君は、土曜日の午後に小倉南区のその方の家の前に着いた。どうやら雨は上がったものの、空は重苦しい曇天である。

最寄りの北九州モノレールの駅が「競馬場前」だったのだが、雨宮君がどうしても馬券を買っておきたいと駄々を捏《こ》ねたため、約束の時間ぎりぎりとなってしまった。

普通の民家という印象だが、平屋で適度にこぢんまりとしており、独りで住んでいるという話だったが、それなら気持ち良く住めるんじゃないかな、と思う。

何となく、私くらいの年代の者が思い浮かべる、「終《つい》の棲家」のような印象を受けた。

インターホンで、雨宮君が来訪を告げると、すぐに返事があって玄関戸が開けられた。

「いらっしゃいませ」

ショートカットの、私から見れば、まだ、お嬢さんと言った感じの女性だ。ここでは、仮に「杉富さん」と呼ぶことにする。

杉富さんは、キッチンの隣にある洋間へと案内してくれた。

ビクトリアンスタイルの円形コーヒーテーブルが置いてあり、セットの椅子もリペアされた英国アンティークのそれのようだった。

室内も清潔で、他の家具も含めたインテリアの趣味の良さから、きっと家柄も良かったんじゃないかと勝手に想像した。

居間の一部が覗けたが、小さな本棚があって、少し古い装丁の太宰治の文庫本が並んでいる。しかし、本というのはそれだけで、棚には隙間があった。

「狭いところですみません」

「いえいえ」

自己紹介をした後、出されたコーヒーを頂きながら、本題に入った。

「例の不思議な小石についてなのですが」

「はい」

私は一字一石経のことについて説明し、そういった遺跡や古址《こし》、石塔などと過去に関わりがなかったかを訊ねた。だが、

「いえ、全然覚えがないんですよね」とのこと。

「書いてある文字って、やはりどれも読めない状態だったんですか？」と、雨宮君。

「大抵判読できないので、そのうちに確かめるのもやめてしまったんですよ。けれど、暫

く持っていた石なんですけれど、それは結構金色のところが残っていたんです。女偏に何かなんですけど」

「女偏？」

「多分、『妙』だと思います」

「妙？」

「普通、お経で『妙』だとすると『南無妙法蓮華経』ですよね」

「失礼ですが、御宗旨は？」

「うちは、黄檗宗《おうばくしゅう》なんですよ」

「禅宗の？」

「ええ、でも父の代からお寺とは切れてしまって、私は現状無宗教ですねえ。お仏壇もありませんし」

「なるほど」私は、暫し考え込んだ。

「どうしました？」

「黄檗宗だと、確か般若心経が写経するなら基本だったはずなんだけど、般若心経には『妙』の字はないんだよ」

さすがに仏典全てに知識がある訳ではないから、庶民としては馴染みのあるそれくらいのところしか分からない。

ただ、後で調べてみると、黄檗宗は臨済宗の流れを汲んでおり、般若心経の次くらいに親しまれている「大乗妙典観世音菩薩普門品偈《だいじょうみょうてんかんぜおんぼさつふもんぼんげ》」には「妙」の文字が五つある。

よく聞くお経のほう、「摩訶般若波羅蜜多心経」で始まるあれには「大乗妙典」という言葉が出てきて一文字あるが、確率的には前者とどっこいではなかろうか。

この時点では誤解していたが、「大乗妙典」とは大乗仏教の経典全般を表すが、一般的には法華教、妙法蓮華経のことを指すそうだ。つまりは同じことであったのだが、要は写経した石が「妙」のそれであったという確率の問題である。

……やはり、シンプルに「南無妙法蓮華経」の「妙」だろうか。

老眼鏡を掛けてスマホを弄っていた雨宮君が、

「真宗の『正信念仏偈《しょうしんねんぶつげ》』には『妙』が一文字ありますね。けれど、七言の百二十句だから、ええと……八百四十分の一の確率ですかね」と、私と同じようなことを考えていたようだった。

「日蓮宗とか、ああ、創価学会とか……法華のものには何か覚えが?」

「別段、関わりはないですね」

「全く？」

「ええ。友人にもいないです」

暫し、場を沈黙が支配した。新しいヒントは得られたのだが、それがどういうことなのかが分からない。

「うーん、話が煮詰まって……」と言いかけて、慌てて「話が行き詰まってきたな」と言い直した。

話が煮詰まる、というのは結論に達したという意味が本来のもので、作家でもよく間違える。

「今、誤用しようとしたでしょう？」と、雨宮君。原稿の下読みを任しているので、こういうことには必要以上に厳しい。

「何のことだか」空っとぼけていると、

「煮詰まる？」杉富さんが、不思議そうな表情で言った。

「いえ、こちらのことで」

「『煮詰まる』で思い出したんですけど」

「ええ……？」それこそ、過去何度かあった妙な展開の予感が我々の胸中によぎった。

何かを「引く」時は、こんな突拍子もない感じなのである。

「私の母が、私のまだ生まれていない頃、実家の台所で何か火に掛けていたそうなんです。

で、ついうっかり居間で繕い物に没頭していたら、カツンと何かが飛んできて廊下をころころ転がる音がする。それで、障子を開けて見てみると小石が廊下にあったそうなんですね」

「はい」

小石のことは、この際置いておいて先が聞きたかった。

「すると、台所のほうからの焦げたような臭いに気づいて、慌ててそっちに行ったそうなんです。そしたら」

「……ええ」

「台所で鍋が煙を出していて、その先に、巫女さんが舞をするときに着るような豪華な衣裳を着けた女の人が立っていたそうなんです」

「巫女さん？」我々は顔を見合わせた。

「母が鍋の始末をしているうちにいなくなったそうなんですけど、母は火事にならずに済んだのは、その人のおかげだ。うちの守り神に違いないって言っていました」

「えーと、まさか、おかっぱ頭の若い女の人じゃなかったですよね」

「いいえ、長い髪の貫禄のある壮年の女性だったそうですが？」

「結構、お年のいった感じの……ですか」

我々はまた顔を見合わせた。いっそ、菊姫降臨の話だったら良かったのだが。

「これは、『山田の君』案件なんですかね？」

「かもしれんが……今のところ分からんな」

「山田の君？」

それは気にしないように取り繕い、手土産を渡して取材に応じてくれた礼を述べ、我々は辞去することにした。

別れ際に、杉富さんのお母さんのところに飛んできた小石について訊ねたが、

「それは、母も気にしていなかったようで、どうしたのか何も聞いていないですね」

との、予想通りの返事だった。

「あなたのお生まれになる以前から、石は飛んできていたことになりますね」と言うと、

「ああ、そう言われれば、本当にそうですね」と、杉富さんは本気で驚いたような表情でそう言った。


その日の夜は菅原さんと落ち合うことになっていて、小倉北区のいつものバーで待っていると、件の彼は何となく元気のない様子で遅れて現れた。

どうしたのかと訊くと、どうも中国の武漢で流行っている疾病がきっとパンデミックを

引き起こすんじゃないかと思えて気になるのだという。

「これでイナゴの群れが現れて、大洪水でも起きれば世界は黙示録予言的には終了しそうですけどね」

……まあ、その後それらは本当になってしまったのだが、それでもこの世が終わっていないので、きっと何かの要素が足りなかったのだろう。

この時点では、まだ身近ではコロナの流行が起こっていなかったので、我々はお気楽にグラスを傾けながら今日の取材の話をおさらいし始めた。

「なるほど、なかなか不可解ですね」菅原さんは、一字一石経の件を聞いて相当面白がっていた。

「法華関係の一字一石経が原因かと思えば、巫女さんみたいな女性が現れる。こちらは神道だから矛盾していますしね。それに、そもそも壮年の巫女さんというのは、アリなんですか？」

「うーん、ないことはない……ような」

例えば、大宮司家の妻なんてのは、儀式のときにはそういう格好をするかもしれない。

だが、このことはまだ菅原さんには伝えないでおこうと、雨宮君とは打ち合わせをしておいた。

理由は追々分かると思うが、我々二人は宗像怨霊伝説に登場する「山田の君」には、あまり関わりたくないのである。

「まあ、明治以後は未婚の巫女さんばかりになってしまったけれど、それ以前にはいたんじゃないか」

「昔は神託を伝えたり、結構神事の中心に女性はいましたよね」

「明治以後は、神仏分離もあって色々儀式や宗教組織も整理され、どさくさ紛れに女性は排除……」

そこまで言ってから、急に気づいた。

「そうだ。昔は神仏は混淆《こんこう》していたんだ」

「え？『妙法蓮華経』って、巫女さんが唱えることもあり得たってことですか？」

「あり得たかもしれない。……まあ、その辺は詳しくはないんだが」

「神仏混淆期に謎を解く手掛かりがあるっていうことですかね」

「その辺を、各人で調べてみますか」

この件は結構入念な調査が必要な気がしていたが、しかし、実態は小石が飛んでくるだけで、今のところ何が起きている訳ではないし、むしろ火事を防いだり有益な霊現象の様相である。

「山田の君」の影が感じられるものの、そうと決まった訳でもない。そう謎解きを急ぐこともないような気がして、緊張が緩んできた。

雨宮君がスマホと手持ちの馬券を見比べ始めたので、

「当たったのか？」と訊くと、

「最終レースが的中していますね」とのこと。

「鳥栖特別？」

馬券を見ると、七番人気の牝馬の複勝券であった。六百四十円付いている。

「何だ、複勝ですか」

「何だ、って……競馬は複勝に始まって複勝に終わるんだよ」

「ワイドで二番人気と絡めたら十八倍じゃないですか」

「そこまで買っちゃうとトリガミになるんだよ」

トリガミとは、馬券が当たっても、支出金額より回収金額が低いことを言う。昔の賭場では「ガミを喰う」と言ったものだが、最近ではそう言うらしい。

何気なくその当たり馬券を貸してもらって見ていた。複勝だと馬名も印刷されるらしい。

「セイウンミツコ？　何でこの馬なの？」

パドックも見ていないので、どうせオカルト予想法なんだろうと思っていると、

「あれっ？　何でなんだろう？」と首を捻り始めた。

「そんなことより、そろそろ犬鳴の看板の答えを教えて下さいよ」と、菅原さんが焦れたように言った。

「予想は？」

「看板を立てたのは……まあ、常識的には、犬鳴村の住人ですかね」

「どこが常識的なんだよ」と、雨宮君。

「で、なければ犬鳴村伝説を広めようとした何者かですかね。怪奇広報者とか」

「だから、当時はトンネル怪談しかなかったんだよ。……怪奇広報者って、自分で怪談作って自分で集めるのか？　養殖じゃねえか」

「答えは？」

「あの看板は、暴走族の誰かが立てたんだよ」

「えー？　自分で立てて自分で壊していたんですか？」

「いや、それこそ星の数ほどグループがあったんだよな。事情を知らん奴は目に付いたら壊すだろう」

「事情って？」

「聞いた話だから真実なのかどうかまでは分かんないけど、昔はあの辺にも何世帯か家があったんだよ。畑とかもあって、通勤農家もあった。鎌持ってうろうろしているのは、そういう訳。で、その人がやたら暴走族が来て畑に侵入するので怒って言ったらしいんだ。『ここから先は日本国憲法は通用せんぞ！　出て行け！』って」

「俺が聞いた話では、独りで住んでいた学校の先生ということになっている」話を引き継いで続けた。

「丁度その頃、日本国憲法は施行三十周年なんだ。一九七七年だな。それで世間では憲法ブームみたいなのが起きていて、高校でも入学すると一番に日本国憲法を教えていたんだ。暴走族をやっているような子でも、入学当初は幾分おとなしく授業を受けるから頭に残っているという訳。先生説が本当かどうか分からないけど、いかにも時節柄そう言いそうなんだよな」

「で、その台詞が印象に残ったのか感銘を受けたのか、誰かがわざわざ看板を作って立てたんだ。まあ……この先に口うるさい奴がいるという警告か、嫌がらせなのかもしれないが」

「……夢もロマンもない話をありがとうございます」菅原さんが心底がっかりしたように言った。

「もっと夢とロマンを壊す話をすると、新犬鳴トンネルの開通が一九七五年。旧トンネルはまだ通れたんだが、同時期にタレントのキャシー中島さんの怪談が話題になっていたんだ」

「ああ、確か神奈川の小坪トンネルでの話でしたっけ」

「あれは、『車に手形が付く』、『上から何か落ちてきて車に衝撃が走る』等、なかなか当時の怪談としては革新的でしたもんね」

「そんな訳で、犬鳴の旧トンネルは福岡では非常に身近で、そのトンネル怪談を実感できる恰好のスポットだったんだな。週刊誌とかテレビでも取り上げられていたから、情報は多かった。そして、いつの間にか犬鳴もそういうところだということになってしまった」

「それじゃあ、日本最恐は小坪トンネルのほうなんじゃないですか」

「ところがだ」と、つい言いかけて、雨宮君から押しとどめられた。

「えっ？　まだ何かあるんですか？　教えて下さいよ」

「まあ、その話はまたいずれ……」

「そうだな。『犬鳴村』が公開されてから、ゆっくり話そうや」

「来月上旬らしいですけど」

「各自、鑑賞後またここで集合だな。それまでは一字一石とか神仏混淆について調べていてくれ」

……とはいえ、犬鳴についての更に隠された真実については、今回はさらさら話す気は起きなかった。

私と雨宮君は、懲り懲りしていたのだ……。

淫祠邪教《いんしじゃきょう》

ところが、三日もしないうちに菅原さんから電話があった。

「もしもし？　凄いことが分かりましたよ！」

いつにも増して、何だか口調が興奮気味だ。

「一体、どうした？」

「僕の友人に戦前の霊能力者とか超能力者に詳しい奴がいて、少し宗教も研究しているんですが、偶々『日蓮宗みたいな神道ってあり得るのか？』って話になったんですよ」

「なるほど」

「そしたら、明治期なんですけれど、そのままズバリ『法華神道』を標榜した新宗教の団体があったそうなんです。しかも、発祥が小倉なんですよ」

「何だって？」

「淫祠邪教として新聞などに叩かれて勢力が削がれてしまって、昭和の頃に完全消滅したらしいんですけどね」

「何て言う宗教だ？」

「『蓮門教《れんもんきょう》』だそうです。で、資料を集めようとしたんですけど、それが全くと言っていいほど見当たらないんですよ。何か御存じじゃないですか？」

「いや、宗教、特に新興宗教は畑違いだからなあ。しかし、地元のはずだけど、そんな話全然聞いたこともないぞ」

「僕もです。雨宮さんはどうでしょうかね？」

　変なことばかりに詳しいから、ひょっとしたらと思い電話してみたが、

「金目教なら知ってますけど、それは知らないですねえ」とのこと。

「金目教って、豊臣秀吉がまだ木下藤吉郎だった頃、琵琶湖の南で流行っていたアレか」

「お詳しい。……世代あるあるですねえ」

　結局、誰も何も知らなかったので、三人してツテを頼りに資料を漁ることになった。

　ところが菅原さんの言う通り、手に入るような資料は三人でほぼ共通しており、どこかにありそうなものだが、詳しい研究書というものも見当たらない。

　どうも、これには企図されない暗黙の何かがあって、「蓮門教」はまるっきり封殺の憂き目に遭っているようなのである。

　なので、殆《ほとん》ど唯一ともいえるテキスト、三人ともが同じ通販サイトで買ってしまった奥武則氏著の「蓮門教衰亡史」を通読して、俄《にわか》に知識を付けることになった訳だ。

まず、蓮門教については、こういったものだったらしい。

明治時代初期のこと、小倉在住の「島村みつ」が、日蓮教学を基盤とし、神道儀礼を取り入れた法華神道系新宗教「蓮門教」を創唱した。一時的に多数の信者を獲得し、教勢は最盛期には教団側の発表では何と百万。実数はそこまでいかなくとも、天理教、金光教と並び称されるほどであった。

教団設立までの経緯は次の通り。みつが宗教がかってくるまでの前歴は省略。

一八七一年（明治四年）頃、みつは「神の託宣」を受けた、と称するようになった。同じ頃大病を患ったが、元小倉藩士・柳田市兵衛の祈祷を受け全快する。みつは市兵衛の弟子となった。

柳田市兵衛（素入）は、法華神道系の祈祷師で、独自の教義を考案していた。

一八七七年（明治十年）に市兵衛が死去した後、これを継いで祈祷師となり、翌年秋、小倉に「事《じ》の妙法敬神所」を開いた。「事の妙法様」を祀り、神前で「事の妙法、南無妙法蓮華経」と五回唱えて拍手礼拝するという祭式であった。

儀礼は神仏混淆であり、また、「御神水《ごじんすい》」を用いた病気治療を積極的に行った。

これは、当時爆発的に流行していた伝染病「コレラ」に霊験があるとされ、信者はたちまちのうちに増加した。

また、男女共同での「お籠もり」を実施。これは、風俗的なところで問題視されたが、当初は希望者が引きも切らない状態であった。

つまりは「現世利益」を保証する、分かりやすい新宗教であった。

しかし、当然ながらというか、只の水であるところの「御神水」は、疾病治療や流行病抑制の障害となり、患児の死亡事件が次々と起き、みつは懲役刑を受ける。

が、出所後も挫《くじ》けず、みつは活動し、「蓮門教」は教派神道「太成教」に属して宗派としての正当性を担保される。

そして、精力的に布教を続け、貪欲に資金力を増していった。

一八八四年（明治十七年）には小倉・堺町に「蓮門講社本祠」、一八八五年（明治十八年）には東京市芝区田村町に「蓮門教総本院」という巨大な教会を建立し始める。

だが、相変わらず「御神水」は販売し続けており、不可解な「病気治し」は問題視された。「御神水」が、かなりの高額であったことも、只でさえ神仏混淆から抜け出せていない邪教だと眉を顰《ひそ》める人々を苛立たせた。

それらの声を受け、内務省が乗りだし、「御神水」商法の取り締まりを強化した。更には、日刊新聞「萬朝報《よろずちょうほう》」から「淫祠蓮門教会」と題された排撃キャンペーンを長期間受け続けた。

萬朝報の主筆は黒岩涙香である。また、作家の尾崎紅葉は蓮門教会をモデルにして明治二十四年、読売新聞に小説「紅白毒饅頭」の連載を始める。

島村みつは、それらの事案に追い詰められていく。そして、親団体として責任を問われた大成教から神道教師の資格を剥奪《はくだつ》される。以後教勢は急速に衰退した。

一九〇四年（明治三十七年）、みつは七十四歳で死去する。

跡取りも夭逝《ようせつ》し、教団は分裂。最後まで残っていた神奈川県横浜市の「宗教法人神道大成教蓮門和田講社」も一九六四年（昭和三十九年）に解散し、これを以て蓮門教は完全に消滅してしまった。


「『御神水』っていうのが、とにかくいけませんね。しかし、今も昔も水ってぇ奴は……」

リモート会議なるものが流行していると聞いて、三人で一斉に機材を揃え、実稼働のその初っぱなでこの話題になった。

「まあ、コレラの流行に便乗したところもどうかと思うがな」

明治期のコレラ流行は十八年から十九年に掛けてと、二十三年から二十四年に掛けて、そして二十八年、三十五年と度々起こっている。累計死者数はおよそ二十万人だ。

昨今のコロナ流行を思い起こさせ、少し暗然となった。

「この『お籠もり』っていうのも気になりますよね」冷蔵庫から缶ビールを持ち出してきた菅原さんが、モニタの向こうで口の端を歪めながら言った。

「どう考えても、男女同衾《どうきん》前提じゃないですか」

「娘が身籠もった。どうしてくれるって訴えもあったようだな」

「少子高齢化の昨今、蓮門教の復活は効果があるかもしれないですよ」

雨宮君が冗談めかしてそう言ったが、その「復活」という部分が引っ掛かった。

「復活ねえ。そういえば、コロナが流行し始めてしまったし、世界情勢も混沌としているし、何となく情勢が似ているな。蓮門教……本当にまた世の中に出たがっているんじゃないか」

「地元民の我々も忘れ果てているような宗教が、どうやって復活するんですか」

「それは……豆腐屋の妻だったみつが百万信徒を得たように、要するに新しい教祖が現れればいいんだ」

「教祖ねえ」

「天理教教祖の中山みきも、考えてみれば普通の主婦だったんですよねえ。誰にだってなれますね」

「大本教の出口なおなんて、襤褸《ぼろ》買いの最貧生活だぞ」

「ああ、そういえば」菅原さんが、バッグからレポート用紙を引きずり出した。

「例の霊能力者マニアからの受け売りですが、蓮門教の島村みつは、予言もやったらしいです。それと自身で賭場を開いたり、米相場を対象とした博打で儲けたり、ギャンブルでも才覚が」

「そりゃあ、その力にあやかれるなら入信するな」と、雨宮君。

「というか、予言ができるならギャンブルでバカスカ当てていないとおかしいというのは、オカルト史古来の前提条件だからな。当てているなら本物ということだ」

この時点で、私は何か妙な感じを受けていたのだが、はっきりとは分からなかった。

「他にも、電話とか電灯とかの普及も当てたらしいです」

「うーん、それは微妙。インターネットは無理にしても、文明開化時なんだから、何となく予想できそうな気がする。H・G・ウエルズが『タイムマシン』を書いたのが明治二十八年だもんな」

「あと、みつの墓碑の載っている本を見つけましたよ」

「『蓮門教衰亡史』にも載っているだろ」

「こちらはカラーです」

それは『ですかばあ北九州　石碑は語る』という本だった。菅原さんがパソコンを弄ると、スキャンされたその部分が精細にディスプレイへ映し出された。

青空と緑の梢を背景にした、「蓮門教会大教生島村光津子之墓」と彫られた皚々《がいがい》たる墓碑であった。

「あれっ？　名前が『光津子』になっているな」

「みつの名前は、資料によって何故かまちまちなんですよ。衰亡史でも注釈が付いていましたが」

……その部分はつい読み飛ばしていた。……それより、

「ミツコだよミツコ」さっきから感じていた妙な疑念が解けて、私は雨宮君に向けて言った。

「ミツコ？」雨宮君は、最初ポカンとしていたが、

「ああ、セイウンミツコ！　……いや、しかし、そんな馬鹿な」

「御利益があって良かったな。もう、これは入信しないといけないいな」

「配当六百四十円じゃ、微妙ですよ」

「ああ、なるほど」と、菅原さん。

「競馬でアピールしてきたんですか。……霊能力者の霊ともなると、とんでもないですね。しかし、これであの巫女さんというのは、島村みつでほぼ決まりですね」

「……多分な」

実は「蓮門教衰亡史」の十三頁には、島村みつの写真が載っている。恰幅《かっぷく》の良い押しの強そうな女性で、開いた扇を掲げ持ち、何とも時代がかった衣裳を身につけている。公家のようでもあり、武家のようでもあり、巫女のようでもある。

多分五十代くらいの頃の、最盛期の写真であろう。

「見方によっては、果てしなく胡散臭い感じもしますが、とにかくバイタリティを感じますね」

「教祖っていうのは、そういうもんなんだろうな」

取り敢えず、この案件は「山田の君」とは無関係であるようなので、私と雨宮君は内心ほっとしていた。

「あとは一字一石経の問題だけだな」

「この、島村みつの墓碑なんですけど、何故そこにあるのか、どういう経緯か全然分からないんですが、小倉北区の広寿山福聚寺の墓地にあるそうです」

その寺については既知であった。

「……あそこは有名な黄檗宗の寺院だな。確か小倉藩の菩提寺じゃなかったかな」

「……黄檗宗ねえ。と、なると杉富さんの御先祖絡みかな？」

何かその関連で、子孫に蓮門教の残り香が干渉しているのだろうか？

ここでまた、「復活」というワードが脳裏から離れなくなった。

「やっぱり、復活だか再生だか分からないが、そういう新時代の『蓮門教』の胎動を感じるな」

「じゃあ、度々アピールされている杉富さんは、実は教祖候補っていう段取りですかね？」

「宗教のほうが教祖を選ぶのか。……いや、確かに段取りとしてはそれが正統？」

「そういう意図だとすると、天狗礫って言うのも何か意味があるのかな？」

疑問だらけで、話が煮詰ま……いや、行き詰まってきたが、

「あと気になるのは、この『蓮門妙法の塔』です」と、菅原さんが話を引っ張った。

「蓮門教衰亡史」の三十五頁に、これも写真がある。

「ああ、これって小倉北区の堺町から、南区の下石田に移設されている奴だな。元々は『蓮門講社本祠』とやらの庭園にあったらしい」

これは『石碑は語る』のほうにも記述があった。

「蓮門妙法の塔」とは、みつの師、柳田市兵衛の十三回忌に建立された石碑で、正面には奇怪な書体で「蓮門妙法塔」とあり、裏面には市兵衛を顕彰する文章が刻まれている。

当初は堺町の庭園にあったが、時が経って土地の持ち主が次々と変わった。石碑のある部分が使えないためずっと邪魔者扱いされていたが、あるとき、とうとう処分されること

になった。

　だが、廃棄寸前のそれを地元の有志が尽力して救い、昭和四十二年に下石田の六所神社境内に移設された。

　当時としても、蓮門教関連の史跡はこれくらいしか残っていなかったらしい。

「移設先のここって、明らかに杉富さんの生活圏内ですよね」

「となると、これに何かあるな」

「では、これに絞って、更に調べを進めることにしましょう」


　けれども、その調査はすぐに行き詰まってしまい、資料の発掘も遅々として進まなかった。

私と雨宮君は六所神社まで行って、入り口の脇にある巨大な「蓮門妙法塔」の実物を見て写真も撮ってきた。

　幅二メートル、台座を除いても高さが五メートルあるという自然石の巨碑だった。

　何というのか、他に誰もわざわざ見に来る者などいないので、石碑はうらぶれた感じの古色に染まっていた。けれども、巨石を縦に押っ立てたような異様な迫力があり、これを企図した頃の教団の気勢を感じた。

　塔の裏側に回り込んで、彫ってある文章も確認してみたが、取り立ててここに記すようなものはなかった。

「裏側に、教祖復活用のマニュアルでも彫っておいてくれたら良かったのにですね」

「そんな用意周到なことを本当にやってたら、まんまホラー小説とかで使えそうだけどな」

「ホラー小説ねえ。菱井さんなら次の展開はどうします？」

「俺ならっていうか、例えば清水崇監督なら、君の家にドーンとみつが現れて、大笑いしながら君をぶっ殺すんじゃないかな」

「それは、ホラー映画じゃないですか。というか、どっちかというと中田秀夫監督っぽいですけどね、それ」

「……ああ、間違えていたな。『女優霊』とか『リング』が好きなもんで」

「清水崇監督は『呪怨』とかですね」

そういえば、「リング」にも謎解きがあったな、とふと思う。あれは、ビデオをダビングするという何げない行為が、実は重大な意味があったと気づく話だったが、なかなかそういう日常のものには確かに気づけない。そういった心理的盲点をうまく使っているところが面白かった。

……盲点。目の前にあるものが、なかなか分からない……。

……目の前にあるもの？

「あっ!」

「えっ?」

私が素っ頓狂な声を上げたもので、雨宮君はのけぞって離れていった。

きっと、私が急に倒れても、ああやって離れていくんだろうなと思ったが、

「この塔は」

「この塔?」

「この塔は、実は一字一石塔なんじゃないか?」

犬が鳴く

北九州市若松区の蜑住《あますみ》に、島郷四国霊場四十四番札所がある。

島郷四国霊場というのは、慶長七年（一六〇二年）頃に起源があるが、寛延元年（一七四八年）に元庄屋、香山弥次郎重治が四国から霊場の土砂を持ち帰り、場所と行程を勘案して八十八カ所の巡礼コースを整備したものだ。

主に若松半島西側の範囲に収まっているミニ霊場だが、厳格に四国の霊場八十八カ所から個別に土砂を採取して埋めてあるので、民間信仰として長く続いていて、今でもちゃんとお詣りもされている。

ここの四十四番札所の脇に、明和五年（一七六八年）に作られた「大乗妙典一部一字一石塔」というのがある。

実際に見てみると、楕円形の墓石くらいの石塔で、まるで「蓮門妙法塔」のミニチュアのようにも感じた。

「『大乗妙典一部』……ってことは、一部なんですかねぇ？」

碑の正面にそう彫ってあるのを見て、雨宮君が首を傾げていたので、

「久留米市の藤光町にある、東林寺天満宮の一字一石塔は『大乗妙典全部・一万一字』なんだそうだ。僧侶二百人掛かりだったそうだから、完璧にやろうとすると藩主ででもなければできない難事業のようだな」

「なるほど。それで控えめに『一部』って彫ってあるのか。……しかし東林寺天満宮って、寺なのか神社なのか」

「廃仏毀釈で、寺の部分が消滅したんだそうだ」

「なるほど」

「それに、真言律宗の寺だったようで、多分納めてある経典が違うと思う。法華経をもし全部書くと約七万字になるそうだ」

その後、二人してぼんやりと、「大乗妙典一部一字一石塔」を眺めていたが、

「こういう感じの自然石で作るのが基本なんですかね？」

「東林寺天満宮のほうは、ちゃんとした角のある石碑が蓮華座の上に乗っていたな。一体の彫刻なのかもしれんが」

「まあ、これがアリなら、『蓮門妙法塔』が一字一石塔だというのも、あながちハズレではないかもしれませんね」

問題は、それが移動されているということだった。

そうなると、堺町のどこかの地下に一字一石経が埋もれているということになるが、杉富さんは、勤め先も反対方向だし、あまり堺町近辺に縁がないのだという。

「この一字一石塔も、ここに元々あったんでしょうかね？」

雨風除けにブロック作りの祠が設けられていたが、板碑や古い地蔵なども一緒に祀られている。ここが建立時の位置かと言われると疑問符が付いた。

まさか根元を掘り返す訳にもいかないので、諦めてその場を去り、そのまま前日封切りの映画『犬鳴村』を見るために、我々は車に乗って小倉北区まで移動した。

運転は雨宮君だったが、シネコンのある辺りを通り過ぎてしまったので、

「駐車場でも探しているのか？」と問うと、

「いや、まだ時間があるので馬券を買おうと」

「……好きだなあ」

「セイウンミツコが出走するんですよ。今日の最終レース」

「え？」

さすがに忘れてはいなかったらしい。

「菱井さんも買います？」

それは蓮門教に取り込まれていくみたいで何だか厭だったのだが、現世利益とはよく

言ったもので、抗えない何かがあるのだとつくづく思った。

「じゃあ、一万円。複勝で」

「景気が良いですね」

「負けたら今夜は直帰だな」

「飲み代ですか……」

小倉競馬場に着くと、雨宮君は急いで買いに行き、やはり複勝と、前回の反省を踏まえて、単勝で三番人気までの馬と絡めたワイド馬券を購入して、ハアハア言いながら帰ってきた。

「オッズは？」

「セイウンミツコは、今回単勝八番人気なんですけど、前回に比して何故か総じてオッズが下がってますね。複勝は四・七倍。ワイドは十倍から十八倍くらいです」

「まあまあ……かな？」

「では、映画館へ行きましょう」

馬券購入が済むとスイッチが切り替わるらしく、雨宮君は目指すシネコンへと車を飛ばした。

『犬鳴村』を見終わって、エントランスホールへと出てきた。もう外は日が暮れているようだった。

トイレ横のベンチに座り、雨宮君は早速スマホでＪＲＡのサイトを開いている。

「おお。当たってますよ。また三着です」

「本当か？」

「複勝四百七十円、ワイドは二番人気が一着に来て千六百八十円ですね」

「二着は？」

「六番人気です。タガノカルラですね。いい馬なんだけど、買えば良かったかな」

「カルラって仏教の守護神の迦楼羅《かるら》だろ？　……実はあれって、天狗に変化していった原形だという説があるんだよな。『天狗礫』繋がりで買うべきだったのでは？」

そう適当なことを言うと、雨宮君は悶絶して悔しがっていた。

こうして、本当の意味でのオカルト予想法で少々儲けた我々二人は、上機嫌でシネコンを出た。

車を駐車場に預け、今夜はビジネスホテルに泊まるとのことで、雨宮君はまたも泥酔する気満々である。

コンビニのＡＴＭで現金を充填し、下地を入れるために焼き鳥屋でビールを飲み、少々食べて、いざ出陣となった。

だが、夜の街を歩く人々は我々も含めて殆どがマスク姿で、いつもの活気がない。

まだ福岡県ではコロナの感染者は出ていなかったが、横浜ではクルーズ船で集団感染が発生して検疫が実施され、騒がれている最中だった。

後で聞いた話だが、実は「セイウンクルーズ」という馬がいて、この小倉開催には来ていなかったのだが、もし出走していたら絶対に買っていたという。

三月からは毎月のように出走し、連絡みも多く、雨宮君の小遣い稼ぎに多大な貢献をしたということだ。

いつものバーの扉を開けると、一番奥のテーブル席から菅原さんが手招きをしていた。

「ここです」

「いつもの席じゃないんだ」

「こっちのテーブルのほうが大きいんですよ。ソーシャルディスタンスです」

まだ聞き慣れていなかったので、最初お得意のオカルト用語かと思った。

「用心深いな」

「こうなってくると、怨霊よりコロナのほうが怖いですよ」

菅原さんは、ドイツ産らしいクラフトジンのソーダ割りを飲んでいた。

「美味しいですよ、これ」

だが、私達はバックバーのスコッチのある棚を物色し、私はラフロイグの十五年をロックで頼んだ。雨宮君はボウモアの二十六年で、かなり張り込んでいるが、泡銭《あぶくぜに》の使い道としては正しいのかもしれない。

「お二人とも、今日はウイスキーの気分なんですかね？」

「まあ、そんなところだ」

「『犬鳴村』は御覧に？」

「今日、二人して見た」

「どうでした？　あ、僕はとっくに先行上映で見てますので」

「気味が悪いホラーだったな。雰囲気も悪くなかった」

「けどですよ」飲み慣れない高級ウイスキーが早くも脳に回ったようで、雨宮君が早速くだを巻き始めた。

「フィクションだからいいっちゃいいんですが、あの辺に差別されている未開の村があるなんて設定はぶっとんでますよね」

「まあ、それは同意するな。特に犬に変化していく血筋なんてのは、ずっと迷信と戦ってきた先人達が見たら目をむくかもしれん。井上円了だったら、きっと激怒するな」

「はあ、確かにちょっとやり過ぎ感があったかも」

別段吊るし上げを食っている当事者という訳ではないのだが、菅原さんはそう言って肩を落とした。

だが、

「あそこの村は犬と交わっている噂がある、なんてことじゃなくて、交わる何かを出すべきなんですよ。そしたら血筋も何も関係なくなる」

「恰好の奴がいるじゃないか。『本木の化け物』だよ。地理的にも犬鳴のすぐ近くだし、マインドコントロールをして女を孕《はら》ませるんだから、なかなか凄い絵面になったと思うぞ。知ってたら絶対に使うと思うんだがなあ」

「『本木の化け物』って、正体不明のケダモノってことしか分かっていないそうだから、犬に寄せたって全然いいですしね」

「最後は獣人『本木の化け物』との血戦だな。トンネル全体が血に染まるんだ」

「捕まった半裸の女性達が虐殺されるんですね」

勝手に盛り上がり始めた私達を、菅原さんはそれこそ鬼畜を見るような目つきで睨んだ。

「いや、設定がもっと酷くなってませんか。一応、あれ、心霊モノだし」

「犬鳴だからって、無理に犬を出そうとするからだ」

「そういえば、何で犬鳴って地名なんですかね？」

「犬鳴ダムの看板に由来が掲げてあったな」

そのまま、それを引き写すと、

◎犬鳴の由来

【地名】江戸時代の資料である「筑前名所図会」によると犬鳴の地名の由来が次のように書かれています。

「犬鳴山で猟師が犬をつれて猟をしていた。犬が激しく鳴き続けるので獲物が捕れぬと、この犬を鉄砲で撃ったそうな。ふと上を見上げると、一丈五、六尺（約五メートル）程の大蛇が姿を現した。犬が鳴いて危険を知らせたものを、誤って撃ったことに猟師は後悔した。猟師は鉄砲を捨てお坊さんになり、この山に犬の塔を立てたそうな。それから犬鳴という」


「なるほど」と、菅原さんは頷いた。

「しかし、また塔ですか。今でも、どこかにあるのかな」

「けれども」信じ切っている菅原さんには言いにくかったが、

「この伝承は日本のあちこちにあるんだよ。猟師が腹を立てて犬の首を刎《は》ねたら、それが毒蛇に噛みついたり、毒蛇と相打ちになったりと様々だが、大元は多分、大阪府泉佐野市にある真言宗犬鳴派大本山、七宝瀧寺《しっぽうりゅうじ》の伝承からだな」

「犬鳴派なんてあるんですね」

「ここの山号は犬鳴山《いぬなきさん》と言うんだ。起きたのが寛平二年、西暦だと八九〇年だという、所謂『義犬伝説』の話が有名だな。話の筋書きは犬鳴のとほぼ同じだ。さすがに鉄砲じゃなくて弓矢を使っているが」

「八九〇年じゃ江戸時代の『筑前名所図会』は、勝負にならないですね」

「ここは修験道の寺で、古来、全国の山を巡る修験者を出している。福岡地方のその根拠地がこっちの犬鳴山か、その近辺だったんじゃないかな」

「イギリス人が新天地にニューヨークって命名するようなものですね。こっちのは本来『ニュー犬鳴山』なんだな」

「同じ地名が一杯あるのが日本の特徴と言えばそうなので、特別不思議はないな」

「あまり知られていませんが、山口県にも犬鳴山ってあるんですよ。萩市の近くなんですけどね。元は獣偏の『狗』だったと思うんですが」

じっと聞いていた雨宮君が口を開いた。

「低山なんですけど、すぐ傍の白水山《しろうずいやま》が陶氏の山城で、毛利に滅ぼされてますね」

「そういえば、そうだったな」

例の『九州一の怪談』絡みの話になるのだが、実はすっかり忘れていた。

「ここにやはり狗鳴川っていうのが流れていて、途中に『狗鳴の滝』があるんですが、その伝説では足を滑らせて滝壺に落ちた座頭の御主人を追って、三日三晩鳴き続けた愛犬が身を投げるという、何だかちょっといい話になっています」

「……いい話なのかは疑問だが、まあ、犬に纏わる話は忠義を尽くしたエピソードが多いからな。戦場で討ち死にした主人の遺骸を守ったとか、藤原道長がある寺の敷地に入ろうとしたら愛犬の白犬が前を塞いで通さない。安倍晴明を呼んで訊いてみたら」

「行く手に呪詛が掛かっているので入れさせなかったっていうあれですかね」と、雨宮君。

「何で読んだんだっけ？」

「『霊獣奇譚』でしたっけ。大昔にそれこそ犬鳴の由来を調べていたときに読んだんだな」

「霊獣奇譚」は、明治二十六年発行の古書だ。

「これにも泉佐野の犬鳴山《いぬなきさん》の由縁が書いてあるんだけど、この本の著者の経歴がまた面白いんだぞ」

「それは知らないですねえ」雨宮君は、お通し《チャーム》のナッツを頬張って、

「誰でしたっけ？」

「磯部武者五郎という人で、神道を国教にすべしと初めて提唱した人だ。これは、神道は我が国古来の伝統宗教で、一番国民の精神性に馴染みやすいからという、一見極めてもっともなことを言っているものなんだ。鎌倉仏教以来の仏教と神道との力関係を考えると、神道は従のほうじゃないのかとも思えるんだけど、ここで関係が入れ替わったんだよな。行き過ぎて、後に軍国主義と結びついた国家神道というものが形成されてしまうのだけれど、磯部武者五郎の主張はその源流とも言える穏健なものだったと思う。蓮門教が教派神道に乗っかったのも、神道ブームのようなその流れなんだよ」

「へえ」

「えー、例の『蓮門妙法の塔』についてなんですが」と、菅原さんが何かを企んでいるような目つきで話を持っていった。

「実は、堺町からの移設の状況なんですが」

「分かったのか？」

「あの塔の周辺には、教団に献金をした人達の名前を彫った玉垣が沢山設置してあったそうなんですが、地下に経石はなかったそうなんです。今、跡地に埋まっているのはその玉垣ですね」

「玉垣？」

「……神社の周囲に、よく名前を彫った石の囲いがあるだろう。あれだよ」

「ああ。……しかし、何で分かったの？」

「それは今のところ、秘密です。そして更に、蓮門教の一字一石経についても、とても興味深いことが分かりましたよ」

「へえ、教えてよ」雨宮君が促したが、

「交換条件と行こうじゃないですか」

「交換条件？」

「この間、犬鳴の秘密について、何か言いかけたでしょう？」

雨宮君は、飲みかけのウイスキーを閊《つか》えさせて、噎《む》せ返りそうになった。

「何もかも、包み隠さずゲロしてくれたら、こちらも情報を提供しますよ」

「ゲロって……」

「ほほう？　取り引きかね？」

私と菅原さんは睨み合った。

「取り引きです」

さすがに「隠されたもの（occulta）」に関する感性は並外れていたようだ。私が真実を話しそうにないのに気づいていた。

「……まあ、いいだろう。どうせ君も片足を突っ込んでいるんだし」

「え？」

「犬鳴がどういうところなのか、本当に知りたいんだな？」

「え？　ええ。オカルティストとしては、犬鳴は基本かなあと思いますし。それに蓮門教の一字一石経も、ネタ的には負けていませんよ」

時ならぬオカルト決戦が、小倉の場末で起きようとしてたが、

「あ、その前にちょっと電話します」

と言って、菅原さんは、スックと立ち上がった。そして、スマホを耳に当て、

「あ、僕ですー。今、小倉の……ええ、そう。ちょっと分かりにくいかなー。平和通り駅まで来たら電話入れて下さい。お迎えに行きますー」等と言いつつ、バーの入り口のほうへ向かって、チャラい感じでうろうろし出した。

「……女だな」雨宮君がボソリと言った。

「まあ、女だな」

同意して頷く。

今からする話に、女性が絡むと碌《ろく》なことにならないのは分かっていたが、しかし蓮門教

の一字一石経の話への誘惑には勝てなかった。

ままよ……。

我々二人は、グラスの底に残っていた酒を呷《あお》った。

黒い石

「初めまして。倉持です」

　暫くしてやってきたのは、どう見ても二十代前半くらいの女性だった。菅原さんの同僚なのだそうだが、この二人の勤め先はちょっと特殊なこともあり、本人達の希望で両者とも仮名である。

「この間話した、霊能力者について詳しい人ですよ」

「ああ」

　勝手にジョイマンの背の高いほうみたいな奴だろうと想像していたが、全然違っていた。小柄で妙に可愛らしい。

「とは言っても、明治期から戦前までなんです。新宗教の教祖や、その周辺の人達も霊能力者が多かったので、島村みつも偶々知っていました。あくまで趣味として調べているだけです」

「御船千鶴子《みふねちづこ》とか、福来友吉《ふくらいともきち》博士とか、あそこらへんかな」

「そうです。小さいときに、長南年恵《ちょうなんとしえ》の伝記漫画みたいなのが家にあったんですが、凄く印象に残っていて、それからぽつりぽつり調べるようになりました」

霊能力者・長南年恵は、弟の長南雄吉が姓の読みを「おさなみ」に改名していて、当時の新聞報道などで齟齬《そご》が生じたらしく、そちらの読みで呼ばれることもあるが、正確には本来の「ちょうなん」らしい。

だが、その場の全員がそんなことなど知っていて、誰も言葉を挟まなかった。

「長南年恵か。殆ど何も食さず、排泄もしない。超能力者というより、もはや神人だな」

「長南年恵って、御神水を空の壜《びん》の中に発生させた人だけど、この頃は御神水ブームでもあったのかな」と雨宮君。

蓮門教の御神水と、そういえば時期が合う。

「萬朝報の蓮門教排撃キャンペーンが明治二十七年から始まっているな。長南年恵が官憲に捕らえられたのが……」

「明治二十八年ですね」倉持さんがすらすらと答えた。ある意味オカルトマニア度が高い。

「全国的にそういう怪しい行為は目の敵にされた時期だったようです。けれど反対に、病気治しの御神水は、どこへ行っても大衆からは人気だったんです。とにかく特効薬がないので」

前著で書いた「見たろうっ！」のエピソードを思い出した。療術とか霊術とかいう民間療法が、猛烈に流行っていた時期である。欲しい人は幾らでもいたことだろう。

「御船千鶴子と長尾郁子《ながおいくこ》の千里眼事件は明治四十四年だっけ。御神水じゃなくなってますね」

「病気治しじゃないから、そんなに弾圧されなかったのかな？」

「でも、放っておいたら人心を惑わすとかで、マークはされていたんじゃないかな。福来博士が絡んでいたんで、いきなりとっ捕まえる訳にはいかなかったんだろう。学者先生の威光だな」

「でも、騒動の後、二人が亡くなってからもマスコミはイカサマだったたって非難囂々《ごうごう》ですね。迷信撲滅運動って怖いですね」

「……まあ、霊能力者の話は、また今度ゆっくりやろうや。……それより『蓮門妙法塔』の件はどうなった？」と、話を引き戻した。

「こちらから開示ですか」

「こちらのは長くなる」

「ちゃんと話して下さいよ」

「約束は守る」

　等と、また睨み合っている間に、

「アルコール度低めがお好みなら、フルーツのカクテルをオーダーできるよ」

「本当ですか。なら、あそこにある柚子もそれ用なんですか」

「柚子のソルティドッグなんて美味しいよね」

いつの間にか雨宮君が倉持さんに粉を掛けていたので、二人とも気勢を削がれた。

「えー、では文献発見者の倉持さんから『蓮門妙法の塔』について、お話をお願いします」

と、菅原さん。

「え？　私ですか？」

急に話を振られて、倉持さんは目をパチクリとさせた。いちいち挙動が可愛らしいので、我々年輩組は妙に癒やされてしまう。

「え、えっとですね。実は全然大したことなくて、経緯が昔の雑誌に載ってたんです」

「あ、ひょっとして、ずっと図書館で貸し出し中で、予約できなかった奴かな？」

心当たりはあったのだが、雑誌の中のわずか数頁の記事らしく、それほど重要視はしていなかった。

「あ、すみません。返しに行けなくて延長しちゃいました」

それは、とっくに休刊になっている「ひろば　北九州」という広報誌で、一九八一年の二月号に蓮門教についての文章が載っている。

「概ね、皆さんもお読みになられたという『蓮門教衰亡史』と同じように、教団の消滅までの経緯が書かれているんですが、終わりのところで例の碑の移設のことについて、少し触れてあるんです。当時は料亭の庭園の中にあれが残っていたそうなんですが、雰囲気に合わない上に土地が使えない。料亭の増築に伴って、とうとう碑は解体し、その後は割られて石材として処分されることになったんです。ところがそれを、文化財として残そうとして運動したのが小倉郷土会なんです」

「ああ、リバーウォークの乃木希典の碑も、どうも小倉郷土会の仕事らしいな」

実はあの石碑は再三行方不明になっていて、小倉郷土会のメンバーがそれを発見して元に戻したらしい。

「北九州市の史跡巡りをしていると、小倉郷土会の名は度々目にしますよね。それはまあ、この際置いておきまして、この碑は一旦は広寿山福聚寺の『島村光津子之墓』の横に移設しようとしたそうです。でも、どうも予算の関係で現在の場所に計画が変更になってしまったようなんです。そもそも、妙法塔が大きすぎたので区画が取れなかったのかもしれません。行政から補助金は出たみたいなんですけど、小倉郷土会はどうも市から押し付けられた格好ですね。郷土会も、かなり自己資金を拠出したんじゃないかと思います」

「とんだ疫病神だな」

「それで……えぇっと」倉持さんはビーズでデコられたスマホを取り出した。アプリにメモしてあるらしい。

「移設工事中の昭和四十二年の五月二十五日に、土台から碑を外したところ、中に窪みがあって、白布の包みが出てきたんだそうです」

「ほう」

「開いてみると、七つの黒い石が……。で、その一つの表面には『無』の字が判読できたそうなんです」

「……これはもう『南無妙法蓮華経』で決まりだな。七文字だし」と雨宮君。

「塔の本体の中にあったのか……。地下は関係ない形式だが、やはりちゃんと一字一石塔だった訳だ。……しかし、何のために？」

「そしてですね。この黒い石を保管していたとか触れた人が、急に熱を出したり倒れたりしているんです」

「……疫病神で当たりなのか」

「祟りの噂が駆け巡ったようなんですが、まあ、命まで落としたとかいう話は残っていないので、悲惨なことにはなっていないと思うのですが、実態は分かりません。雑誌記事のほうは、その祟りの様子についての具体的なところは書かれていないんです。けれど、資料的な記事の中にわざわざ触れてあるので、よほど書き留めておきたかったのかもしれませんね。……この黒い石は元通りに布に包まれて碑の中に納められ、昭和四十二年の六月十一日に移設は完了しました。――以上です」

話の後の余韻の間、我々は暫し黙っていた。内心では、孫の発表会の後で褒めてやりたくてウズウズしている祖父の心境である。

注文していた飲み物が届けられたので、お代わりと交えて、それぞれの前に回しながら、

「倉持さんは、その七つの黒い石は何なんだと思いますか？」と、訊いてみた。

「記事中にも軽く触れられているんですけど、やはり『御神体』なんじゃないかと」

「御神体？」

「蓮門教って、本尊がないんですよね」と、雨宮君。

「教祖がそのまま生き神様って言われていた感じなんですけど、実は神道らしくちゃんと御神体は存在していたってことなんじゃないですかね」

「伊勢神宮は八咫鏡《やたのかがみ》が御神体ってのは、そういうことになっているから、そうなんだよな。まあ、『秘仏』っていうのがあるんだから、全く秘密非公開の『秘御神体』があってもおかしくはないいな」

「ただ、調べたところでは、蓮密にも法華神道と言われる思想があってですね」雨宮君が

続けた。

「壇蜜?」

「蓮密! 日蓮密教! ……というか、もっと簡単に言えば仏教全般でも神が仏を守護することになっていますよね?」

「迦楼羅《カルラ》とかかな?」

「……そんなのもいましたね。ぶっちゃけ、法華の思想って、仏のほうが日本の神より優位にあるってことなんですよ。それが所謂法華神道。同じ名前が付いているけど、でも、どうもこの蓮門教独自の法華神道の御神体は、その意味では神と仏のどこに属しているのかがさっぱり分からない。下手をすると……神の上位の仏の……更にその仏を超えた……謂わば超越神なのかもしれない」

「ヒエラルキーの頂点ですか」

「……するとだな」どうも気が進まないが、一応取りまとめてみた。

「信者は現在ゼロなんだが、全ての神と仏より優位にあるかもしれない謎の御神体が、北九州市には、現実にちゃんと存在していると言うことになるな」

「俄に『修羅ノ国』の証明をしてどうするんですか」

「……まあ、そこまで行かなくても何しろ神様でしょ? そりゃあ、忘れられたくなくて存在をアピールしたくもなりますよね」と、菅原さん。

「これって、文章にするんでしょう？　だったら媒体に載ることになるから、周知されて復活の第一歩ってことになるんじゃ？」

「あれ？　まんまと乗せられているような気がしてきましたね」

「そうなのか？」

そう言われると、何でこんなに一所懸命に、この件を追っていたのかが、甚だ疑問になってきた。

「また霊的誘導ですか？」

「巧妙だな。こん畜生」と言いながら、雨宮君はセイウンミツコのおかげで呑める酒を呷った。


そして、話は後半戦に入った。

「では、犬鳴の秘密について、懇切丁寧にお願いします」

「……ああ、いや、それを説明するに当たって、実は怪談を二つほど語らないといけないんだが、倉持さんは怖い話が苦手とか、ないのかな？」

そろそろ、このディープすぎる会話に引き気味になって、帰りたくなっているのではな

いかと気を使ってみたが、

「超越神かもしれない淫祠邪教の祟りの話を引いてしまった私に、この上何を恐れろって言うんですか？」

アルコールのせいもあるだろうが、何だか雰囲気の変わってきた倉持さんは、そう言い放つと、

「実話怪談はよく読んでいますので、大丈夫です」

「えっ、そうなんですか？　竹書房ですか？　どんなのを？」と、雨宮君。

「やっぱり、平山さんですね」

そう素っ気なく言われると、後ろを向いて壁に穴でも開けそうな様子で拳を握りしめた。

そんなどうでもいい話は置いておいて、

「まあ、まず先入観なしに、我々の体験した『犬鳴怪談』を聞いてもらおう。最初は、雨宮君から」

雨宮君は、仕方なさそうに語り始めた。

……確か一九七八年か七十九年の夏なんだけど、就職して給料が溜まって少し余裕ができた頃に、高校の頃よく遊んでもらった一個上の先輩二人に誘われて、北九州から博多の

ビアガーデンに行ったんだよね。

先輩二人は地元の自動車整備工場で働いていて、販売もやっていたので、確か安い中古車を世話してもらう約束で、それからその話になったんだと思う。

まあ、仮にA先輩とB先輩だとすると、A先輩の白のスカG……スカイラインGT……所謂ケンメリに三人で乗り合わせていったんだ。

で、夜まで遊んで、帰りは久山町側から新犬鳴トンネルを通ることになった。

くたびれて、後席に一人でいたんで、二十一号線に入った辺りで眠くなってしまったんだけど、

「ちょっと寄ってみる?」

「いいね。いい時間だし」と、運転席と助手席で何か会話をしていた。

急に曲がりくねった道に入ったので、揺り起こされて周囲を見ると完全に山の中で、「あ、これは旧犬鳴へ行くんだな」と思った。

今の宮若市側には行ったことがあって、看板を見たのもそこだったんだけど、こちら側はよく分からなかった。反対に抜けたことはあったけど、初めての感じだった。

車窓から、真上辺りに満月が見えていて、そればかり見ていた。

やがて、トンネルに着いたらしく、車は止まった。

ヘッドライトで照らされている範囲だけ見えるが、トンネルの中は黒々としている。

「あれ？　中の照明ってなかったっけ？」

「すぐ割られるらしいけどな」

「抜けようか。何かいるといいな」

「白いワンピースの女だとバッチリやけどな」等と、前席は盛り上がっていたが、このとき、本当に厭な予感がした。

車がじわりと動いたとき、トンネルの中で丸いテールランプが灯った。

「あ、車がおるぞ！」

それは、A先輩のと同型のケンメリで、それが猛スピードでバックしてくる。

慌てたA先輩はバックギアに入れて、必死に後進したが、視界が悪いのですぐに藪に突っ込んでしまった。

トンネルから出てきた車は、こちらの車の鼻先で急停止すると、ドアが全部開いて、木刀を持った……セーラー服の……多分、中学生くらいの女の子達がこちらを取り囲んだ。

四人いた。

「はあっ？」と、先輩達は予想外のことに、一瞬ポカンとしていたが、たちまちキレた。

「おのれら何やっちょるんじゃ！　このガキ！」

ところが木刀でガラスを突くような威嚇をされて、怯んでしまう。

するともう一人、二十歳くらいの白いワンピースの女が運転席から現れて車の前に立った。

何かを指差している。

女の子達が一斉にそれを見ろと目顔で促したので、窓から頭だけ出して指差すほうを見た。

……月があった。

「何なんだ？」

訳が分からないでいると、用が済んだとばかりに女達は一斉に走って車に乗り込み、青っぽいスカＧはトンネルの中へ猛スピードで消えていった。

呆気に取られて、追いかける気も起きなかった。

「北九ナンバー？」

「いや、福岡ナンバーやった」

車の後部には擦った箇所があったが、本職なのですぐに直せるとのことで、かなり気味が悪かったがトンネルを抜けて、その日はそのまま帰った。

……で、幽霊も何も出ていないので、怪談じゃないじゃないかと思うだろうが……。

次の日に、B先輩の様子がおかしいと連絡があった。

アパートまで行ってみると、

「俺は、何故あのとき、月を見なかったんだ！」と、頭を抱えて泣きながら苦悩している。

「俺は、あのとき、あの女ばかり見ていた。何故、月を見なかったんだ！」

同じことばかりを言って、全く尋常ではない。

何かの心因反応だろうかと思って、精神科を受診させて、暫くして落ち着いたんだけど、仕事に出なくなって、そのうち退職して、連絡のしようもなくなってその後は全く分からない。

……A先輩は、あのときは月を見たんだそうだ。俺も月を見た。

……ちゃんと見て良かったと思うよ。

……以上だ。


「……ええと」菅原さんが何か言おうとしたが、

「解釈は後回しにして、次は俺の番だ」

……今の話と殆ど同じ時期なんだけれど、Aさんという若い板前が同じ職場にいて、さっぱり仕事は教えてくれないんだけど、遊びにはよく連れて行ってくれてたんだ。

で、彼女未満の女友達がいたんだけど、その子が友達と一緒ならドライブに行ってもいいって言ったらしいんだな。

で、お前も来い、ということになって、要するに男女二人ずつで相乗りドライブになった訳だ。

Bというのを板前の狙っているアレだとすると、その友人がCという子だとしよう。

……まあ、関係ないけどCのほうが随分可愛くて、ちょっと楽しかったんだが、散々あちこち行って、帰りが同じように福岡方面から犬鳴を通ることになったんだ。

車はローレル……と言っても知らないだろうな。

で、Aさんは事前に何も言わずにいきなり脇道に入って、旧トンネルを目指し出した。

まだ薄暮の時間だったけれど、勘付いたBさんとCさんは、

「やめてよ！　怒るよ！」と抗議したが、

「まあまあ」と、笑って受け付けない。

で、やがて曲路の果てにトンネルの入り口が現れた。

「うーん、暗くないと普通だな」と、Aさんは平然としている。

きっと、何度も来たことがあるのだろう、と思った。

「まあ、ゆっくり通り抜けて、ガラスに手形が付くかどうかだけ確かめよう」

「付く訳ないじゃない」

「それがさ、一遍だけ付いたことがあるんだよ。右後ろのドアのガラスだけど、親指と掌だけの右手の奴」

「元々付いていたんでしょ」

「いや、事前にちゃんとチェックしてたんだ。今もそうだぜ」

そういえば、ガソリンスタンドに入ったとき、やけに念入りにウエスで窓を拭いていたのを思い出した。

車は徐行しながら狭いトンネルの中に入った。

じわじわ進んで、丁度真ん中の辺りに来たとき、

「ここで止めろ」と、後席で俺の隣に座っていたCさんが、妙に低い声で言った。

「えっ？」

Aさんが思わず振り返ろうとしたところを、いきなりBさんが思いっきり顔に平手を見舞った。

「わっ！」

半クラッチで進んでいたので、前席で揉み合った弾みで車はエンストした。

俺は何が起こったのかよく分からなかったが、

「あはははは！　手形が付いたな！」と、Bさんは馬鹿笑いし、

「これで二回目だな」と、Cさんはうつむいたまま、宝塚の男役のような声でそう言った。

そして、ようやく異変に気づいた俺はこの車内から脱出すべきか逡巡したんだが……十秒もなかったかな……すぐに、嘘みたいに女の子二人は我に返った。

「あれっ？　まだトンネルの中？」

「早く出ましょうよ」

と、何事もなかったようにそう言う。

俺とAさんは顔を見合わせ、怖気が来て、そのまま一目散に犬鳴を脱出して女の子達を家まで送り届けた。

で、後で聞いた話なんだが、Aさんが家に帰って車庫入れしたときに、やはり車の右後ろのドアガラスに手形を見つけたそうなんだ。

それは「親指と人差し指と掌」の形をしていたそうで……何だか、何かのカウントダウンをされているようだと怖がって、二度とあの近辺には行かないと言っていた。

……以上だ。

「……ええと」菅原さんがこめかみを揉みながら、

「二つの話の共通点は、幽霊が出現していないっていうことでしょうか？」

「出ていないな。犬鳴の特徴として、幽霊目撃譚は少ない。『犬鳴の花子さん』なんて、キャラクターが作れたらいいんだろうけど、定番幽霊がいない」

「菱井さんのお話は、明らかに『憑依現象』ですよね」と、倉持さん。

「おっ、鋭いね」

「雨宮さんのお話は……ああ、そうか。出てきた女性達は、皆何かに憑依されていたのかもしれないのですね」

「その辺は不明なんだけど、どうもそんな気がするんだよな」と、雨宮君。

「当時はレディースなんてほぼいなかったし、あのときの女の子達は髪も染めていないし、身なりも普通の中学生に見えた。月を指差した女性も、これも普通のＯＬ風。ああいう集団が自然にできあがるとは思えない」

「さあ、ヒントが出たし、もう分かるよな？」

「いや、分からないです。犬鳴って何なんですか？　憑依現象に特化した心霊スポット？」

何だか歯がゆくなってきたので、

「じゃあ、おまけヒントだ。犬鳴の北に行くと『本木の化け物』で再三引き合いに出した本木地区があるが、ここの当時の本木村は、宗像氏滅亡後に宗像氏貞の婦人や一族の食い扶持用に残された最後の所領だった」

「えっ？」菅原さんの顔色が変わった。

「まさか……犬鳴ダムって、力丸ダムと同じですか？」

「犬鳴山は、実は『熊ヶ城』という、宗像氏の山城だったんだよ」

「それじゃあ、菊姫の巡廻先なんじゃないですか」

「いや」私と雨宮君が同時に否定した。

「『九州一の怪談』で、憑依現象と言えば？」

「色姫に憑いて、照葉の君の喉笛を食いちぎった……」

「そう、『山田の君』だ。恐らくここには彼女が巣くっているのではないかと、我々は疑っている」

指と月

宗像怨霊伝説を詳細に綴った『九州一の怪談』は、大正四年に発行された。

著者は、竹林庵主人（竹林巌）である。

この人は福岡日日新聞の校閲主任をしていたようで、語彙の豊富さ表現の見事さはまるで類書にないが、当時に伝わっていた伝説の詳細を残してくれた業績は更に大きいと思う。

しかも怨霊が、矛盾するようだが実に生き生きと描写されており、原書はなかなかに怖い。

怨霊として常に前面に立って現れるのは、しかし、「山田の君」であって、菊姫ではない。侍女四人が山田の君を補佐するかのように死を撒き散らすが、そうなると祟りの主体はやはり彼女であろう。

故に、もしかしたら今でも、桁違いの怨念というのか、パワーを持続しているのかもしれない。

初期の犬鳴怪談というのは、大抵同伴していた女性がドライブ中か、トンネル近辺で何かを見た後に、精神がおかしくなってしまうというようなもので、殆どが憑依現象の様相を呈していた。

あるいは何かマインドコントロールの類なのかもしれないが、この手の「頭の中を弄くる」ような幽霊は、「太刀打ちができない」ので、非常に危険だと私と雨宮君は思っている。

故に、そう思ってしまってからは犬鳴には行っていないのだった。


あの夜のバーでのオカルト対決は、長々と居座ってしまっていたので、犬鳴の種明かしの後、すぐにお開きとなっていた。

それから一週間ほどして、夜にリモート会議のお誘いが来たのでパソコンを立ち上げて待っていると、菅原さんが間もなくログインして現れた。

「こんばんは」

何だか、少しやつれた感じだ。

「どうした、元気がないが?」

「犬鳴が怨霊絡みだと分かってから、少し神経過敏気味でして。百合の花っぽい匂いがしてきたら、ビクッとしたりしてですね」

力丸ダムに行った後、少し奇怪な出来事があった話は前著で書いたが、きっとそのときのことでも思い出したのだろう。

「慌ててガンメルダンスクを買い込みましたよ」

「ガンメルダンスク？　雨宮君の編み出したあれか。しかし、眉唾くさいんだよな。薬草酒に除霊効果なんてある訳ないだろ」

「気休めでもいいんですよ」

「そういえば、奴は……来ないな？」

と、思っていたらスマホにメッセージが来た。

〈野郎ばっかりで会議しても面白くないのでパスです〉

「……味を占めやがって」

「倉持さんも誘ってますよ？」

「なら墓穴か……怪談作家らしいな」

倉持さんは、機材は元々所有していたらしい。本日の話題提供も倉持さんとのことだった。

「なら、丁度良い。雨宮抜きでやろう」

「そうですね」

その後、倉持さんとも繋がって、和気藹々《あいあい》と会議が始まった。

「あれから、『犬鳴村』を見に行ったんですよ」と倉持さん。

「なかなか怖かったんですけど、あのお話を聞いた後だと、何だか物足りなかったですね」

「そうなの」

女性を前にして「本木の化け物」を持ち出す訳にもいかなかったので、あまり呪われた血筋云々を貶す方向にも行けない。

「今でも『Jホラー』って言うのかな？　日本独特のジメジメ感はあったなあ」

「どっちかというと、あまり派手なことが起こらない、地味な展開のほうが好きなんですよね」

「『残穢』みたいな？」と、菅原さん。

「そうです。そっちのほうが好みですね」

「『来る』は？」

「あれはちょっと。……かなりエンタメですし」

「あれは、雨宮君が大好きだと言っていたな。まあ、映画的にはド派手なああいうのが正しいのかもしれないが」

「そういえば、雨宮さんは？」と、ようやく気が付いたらしく倉持さんが訊いた。

「ああ、食あたりらしくて、お休みだな」

「何でもガツガツ食べるからですね」

「そうなんですか。……ああ、さっきの『残穢』で思い出しました。誰かお詳しい方に訊けたらなって、ずっと思っていたんですけど」

「はい？」

「『残穢』の中に『北九州一の怪談』って出てきますよね。あれって本当にそういう怪談話があるんですか？」

「……ええと、奥山家の怪談っていうあれかな？　話の中で一連の事件の震源地だっていう」

「そうです」

「いや、聞いたことはないし、恐らく奥山家で起こったという大量殺人事件も創作の部分なんじゃないかな。そういう記事めいたものも、見かけたことはないし」

「本のほうでは、当時の新聞事情は地方の事件まで取り上げなかった、っていうことになってますけど」

「いや、実際はスキャンダルとか猟奇事件は大好物で、千里眼事件でも長南年恵の一件でも、ずっと続報を出していたくらいだから、それは考えにくいな。炭鉱経営者だったりしたら、福岡県では無闇に関心を惹くだろうし。地方と言うけど、新聞社だって、福岡日日新聞、門司新報、ええと、九州日報等複数あったから」

「……そうなんですか」

妙にがっかりされたので、つい補足してしまった。

「しかし、その奥山家の怪談っていうのは、幾つかの事実をモデルにしていた節はあるな」

「へえ」と菅原さん。

「当時の炭鉱地帯も、結構ワンダーランドらしかったですからねえ。興味あるなあ」

「しかし、少し調べてみないと正確なところは言えないな。これは次回にと言うことで。それで……そもそも今日の話題は何だったっけ？」

「あ、はい。実はこの間の、雨宮さんの『犬鳴怪談』が気になってしまいまして、私なりに少し調べてみたんです」

「ほう」

「どういうところがですか？」

「謎の女の人が、月を指差すところですね。どうも何か意味があるような気がして、そういう話がないか色々探ってみたんですが、『摩訶般若波羅蜜経』の注釈書として有名な『大智度論《だいちどろん》』に『指月の譬《ひ》』というのがありまして」

「ヒ？」

「たとえる、という意味ですね。『指月の譬《たと》え』のほうが通りが良いようです。……人の指を以て月を指差し、以て惑える者に示すに、惑える者は、指を視て月を視ざるが如し。

人これに語って曰く、『我指を以て月を指すは、汝をしてこれを知らしむるなり。汝何ぞ指を看て月を視ざる』と」

「簡単に言うと？」

「何かを指差しているときに、指先ばかりに囚われると、その先にある真実が見えない、っていうことですね。この場合、それは月に譬えられ、指は言葉、言説、あるいは指差す存在そのものでしょうか」

「うーん、その話はかなり以前に、法話で聞いたことがあるような気がする」

菅原さんが、首を捻りながら言った。オカルティストのくせに、どうもどこかの檀家さんらしい。

「そうなると、あの怪談は相当手の込んだものと言うことになるな」

「巡り巡って……このメンバーで、ようやく解釈が追いついたということになるんですかね？」

「それこそ、倉持さんに指摘されるまで、そんなこと思い付きもしなかったんだから、その通りかもしれない。この場でようやく何か意味があることに気が付いたことになるな。俺と雨宮君が考えていたのは、話の中に出てくる女の子達の構成が、菊姫以外の怨霊の五人そのままだということだけだな」

「……山田の君と、四人の侍女ですか」

「まあ、今となっては全くの推察だが、その女の子達が仮に怨霊に憑依されていたとしよう。わざわざ犬鳴まで来て、芝居がかった行動をして……結局、何がしたかったんだろうか？」

「警告でしょうか？　本当に月を見る気があるのか、というメッセージ？　雨宮さんに向けてというより、何だかこの場にいる全員に向けてのような気がして怖いです」

「あるいは逆に、それこそ指示なのかも。真実を見ろ。探求しろ。だけど、指先ばかりを見ていたら、大変なことになるぞっていう……」

「どっちにしろ、碌なことではなさそうだが」

私は、思わず嘆息して言った。

「怨霊がわざわざ指し示す、『月』って……一体、何なんだろうか？」


さて、我々がそういう高尚な話題を語っていたリモート会議の実は一日前、雨宮君はしつこく蓮門教の件について単独で取材を行っていた。

きっかけは、大正八年に出版された「神道各教派の表裏」（藤田香陽著）という本に載っている「戀《こい》の蓮門教が料理屋となる」という一文であった。

この本の序文には、こうある。（旧字等は読みやすく直した）

神道の外観は立派でも、内容のいかがわしいのがある、教祖は立派でも教理の体裁をなさぬのが種々ある、何れが非、何れが是と断定はせぬが、有りのままをここに一切さらけ出して、ただに神道家のみならず、一般識者階級の参考に供したいと思う、無論批評的筆は加えていないのだから、是非の判断は読者に一任することにしよう。

金光教、大本教、黒住教等の新宗教については、批判もしているのだが、きちんと教理などは解説してある。だが、蓮門教についてだけは、序文の精神など欠片もなくて、非常に怪しげなことが書いてあった。

著作権も消滅し、紙幅も少ないのでそのまま以下に掲載する。

◎戀の蓮門教が料理屋となる

九州小倉の赤瓦といえば音に名高い蓮門教のことなのである、教祖大教正島村みつ子は山口県西市の生まれだということだが、みつ子の少女時代は子守奉公なし、中年には辻店で煎豆を皿に盛って一文二文の商いをした経歴から考えて、あまり大した家系でもないらしい。

とにかく何とかの妙法を唱えだして蓮門教を編み出した。みつ子は偉いものである、小倉の堺町に一丁四面の大伽藍堂の構造は九州名物として伝えかつ誇りとせられていた、従って信徒の集まるは詣るはソレはソレは仰山な評判であった、そのうちにこういう噂が立った。

教祖みつ子が毎月一週間ずつ行をすると称してある一室に閉じ籠もる、ある一室とは本堂の奥神殿の真下に今云う地下室なるものが設けられて、みつ子はここに籠もるのであった、されど朝夕三度の食事は腰元が全部運ぶ慣例になっていた、梅雨はれのきつい日が赤瓦をカンカン照らしていた午後の四時に、腰元はいつもの夕食時間より一時間早く膳部を捧げて、修行の神室へ運んだのである、扉ならぬ襖戸をそっと開けると、腰元は、

「アッ……」

悲鳴を上げたのである、それなり腰元は気絶してしまったが、間もなく教祖みつ子の介抱で息を吹き返したが、身体の震いと顔色は治まらなかった。

「お花……この場のことを口外するでないぞ。もし漏れたらお前の命はないぞ」

お花とは腰元の名である、秘密？　然り大秘密はお花の娘に発見されたのだ、教祖は口止めに恐喝を加えておいて、それよりお花は病気が続いて、十九の花盛りを神経衰弱で命

が旦夕に迫ったとき、

「わたしはもう助からぬ、臨終《いまわ》の際《きわ》に一言言って死にます」

「コレサ何で気を弱く持つ今に健全《まめ》になるのに」

母親と親族の者などが介抱している、そのうちにお花はブルブルと身震いした、苦しい息の中から語り出したのはこうだ。

腰元のお花が、膳部を運んだとき気絶したのは、教祖みつ子が大きな古狐（毛の抜けた）を抱いて寝て、今や情意投合、人畜戀合《じんちくかけあい》の真っ最中であった。

と言うのである、これから誰と云うとなく、教祖みつ子の参籠はお狐さんの犠牲？ 肉供養に立つためだと云いだした、こういうことから蓮門教は下火になって、負債は重なる、その揚げ句教祖は天上高天原へ旅立ちする、蓮門教本部は差し押さえとなり、競売せられる、今では蓮門教の教務所とみつ子の居間とは料理屋の客間と変わり、指月館と云う名で小倉の宴会は大半此処で催される盛況、みつ子女の墓は呆然と立て御座る。

されど蓮門教の教理は確然として、今は本部は東京に移され、全国に教会や教師が散在して熱心に布教している。

……まあ、解説書の中でこれでは最悪の貶《けな》し方である。人獣交合というのが如何に酷い悪口なのかが分かる事例であったが、雨宮君には他に二点気になった箇所があった。

「毛の抜けた古狐？」

人間と交合する獣には一つ心当たりがあった。『犬鳴村』に是非出演してもらいたかったアレである。

「本木の化け物」というのは、先に出てきた通り、獣というだけで結局正体が何なのかは分からないということになっている。狐のような、狸のような、イタチのような……それなら犬でもいいじゃないかという話だった。

毛の抜けた古狐というのは、概ねその曖昧なイメージに合致する。

伝承の地が江戸時代当時の宗像郡本木村というのだから、ひょっとして一連の宗像怨霊伝説の一部なのかもしれない。五代将軍徳川綱吉の治世ともなると、もう怨霊の話は昔のものとして繋がらなかったのかもしれないが、この本に書かれている蓮門教の噂というのは、誰も注目しないが、ひょっとしてそれに関連していると考えてもいいのではないか。

そうなると、仮にこの文章に真実が含まれているとするなら、本木村から小倉までその化け物が出張ってきていたことになる。

いや……門司の河童神社辺りに菊姫が現れたのかもしれないのだから、そもそも北九州一帯が庭のようなものなのかもしれない。

もう一点は、料理屋になった蓮門教会の屋号である。

「指月館って……」

当たり前だが月を指差すことなんじゃないかと思い、あの犬鳴怪談と合致することに怖気を震いながら、あれには何か深い意味があったのではないかと気づいた。そして、雨宮君は我々より早く、自力で「指月の譬《たと》え」に辿り着いていた。

だが、屋号が本当にそれなのかが分からない。

色々考えて、文中に九州名物云々とあったことから、ひょっとして観光絵葉書が発行されているんじゃないかと思い付いた。

明治末から大正に掛けて、名所の風景写真を印刷した観光絵葉書は各地で大量に作られていた。

実は以前取材した人物がそのコレクターで、ツテがあったのである。

連絡を取ると、

「いいけど、自分で探して」とのこと。

現物はどこかに保存してあるらしく、その一枚一枚をスキャンした画像ファイルを貸してもらえることになった。

未分類も含めた北九州市関連の膨大な画像ファイルを、持参したハードディスクにコピーしてもらい、その夜眠気と戦いながらチェックしていくと、やがて四、五階建てのビルくらいの高さはありそうな、木造瓦屋根の矩形の建物が目に映った。

そして、その葉書の下部に解説があり、「小倉　指月館」の文字があった。

百合野

「『蓮門講社本祠』をそのまま利用した、料亭『指月館』か」

翌週の金曜日の夜、またリモート会議が催され、「戀の蓮門教が料理屋となる」の一件が雨宮君から報告された。

今回は、全員参加である。各々の機材の画面下部には「指月館」の写真が映っていた。

「しかし、でっかい木造家屋だな。確かにこれは『館』だ。百人単位で入れるな。位置関係が分かればいいんだけど、俺が持っている地図では分からないな。今の堺町公園の付近かな？」

「この場合、この料亭の命名の意図は推察されますね」と、倉持さん。

「つまり、我々は月を見ずに指先だけ見ていた、故に淫祠邪教に騙された、反省しよう」

「あるいは、『あの宗教は月なんか見せずに、指先で騙くらかしてきた淫祠邪教だったんだぜ』っていう、当てこすりですかね」

「まあ、そういうことだろうな」

「やっぱり、そう思いますよね」

序盤で一所懸命に取材成果を語っていた雨宮君は、緊張が解けたらしく安酒のワンカップを呷っている。

「もう何だか、深掘りすると宗像怨霊伝説にぶち当たりすぎて、厭になってきましたよ」

「それは、仕方ないかもしれないな。要するにこの辺の怪談の下地なんだし」

「……あんまり深掘りばかりしていると、また怨霊に始末されかねませんよ」

昔遭遇した河童でも思い出したのか、寒気がしたらしく雨宮君は電子レンジで燗《かん》を付けに席を立った。

それはそうなのだが、それなら何で我々は未だに無事なのだろうと、ふと思った。

裏話まで書籍にしてしまっている私など、真っ先に強烈なバチが当たりそうなものである。

そう言うと、

「お二人は、何か壮大な計画の一部を割り当てられているんじゃありません？」倉持さんがワイングラスをカメラに向けながら、

「だから、まだ利用価値があるってだけかも」と、身も蓋もないことを言った。

「おお、『神の計画』。わたしは、おまえたちのために立てた計画をよく知っている。それは災いではなく祝福を与える計画で、将来と希望を約束する。エレミヤ書二十九章十一節」

どこかの檀家が、聖書の一節をすらすらと口にした。缶チューハイで大分酔っ払っているらしい。

「いつの間に、リモート飲み会になってるんだよ」

「最初からですよ。だって、コロナで飲みに行けないんだもん」

「『月』を見つけるまでは大丈夫なのかもしれないなあ」と、戻ってきた雨宮君が独りごちた。

「あるいは、『月』を見つけそうになったら始末されるのかも」

いや、だからその『月』って何なんだよ、と言いそうになったが、うっかり当てずっぽうで正解を引きたくなかったので黙っておいた。

「確か、今日のお題は『奥山怪談』もあったのでは？」と、どこか女王様めいた口調で倉持さんが言った。安心して酔うと、そういうキャラクターかと思いながらも、通り一遍の返事をする。

「まあ……ちょっとは調べた」

「奥山怪談？」と、雨宮君が顔を上げた。

「『残穢』の、あれですか？」

「前回の会議で話題に出たんだよ」

「へえ。そういえば炭鉱遺物が好きな菱井さんには、お得意分野のような」

「得意って訳じゃない」

「それで、何か面白いものが見つかりましたか？」

私は黙って資料のコピーを繰った。

「まず、奥山炭鉱というものがあったかどうかだが」

「まあ、そうなりますよね」

「なかったが、『鬼山炭鉱』ならあった」

「あ、何だか臭いますね」と、雨宮君。

「文字の雰囲気も似ているし」

「所在地は、資料だと穂波村ということになっている」

「今の飯塚市の近くかな」

「ここは、抗夫十数人の零細炭鉱だったようだな」

この後に、中央資本の住友三菱忠隈《ただくま》炭鉱、日鉄二瀬《ふたせ》炭鉱、三菱飯塚炭鉱、等が相次いで近隣に進出して炭鉱町を作っていくのだが、地元資本だけの頃は、機械化もできずに出炭量も細々としたものだったようだ。

「もっとも、『鬼山』っていうのは地名だし、抗主も後に議員を務めたりして別に事件は起こしていないので無関係だろうな」

「抗夫十数人っていうのは、イメージとして合っているんですけどねえ」

「坑内火災で焼け死ぬあれですね」

「でもなあ。地元の感覚では、確かに小規模な坑内火災の事例はあったようなんだけど、湧水の印象が強いんだ。炭坑イコール水との戦いみたいな」

「川の底をぶち抜いたっていうのもありましたね」

「他には炭塵爆発ですかねえ。これだと、焼け死ぬ暇なんかないですからねえ」

否定的な話ばかりで、少しイラッときたのか、

「別の方向からは何かありませんでしたか？」と、倉持さんが訊いた。

「別の方向？」

「例えば、凶事の前に顔が歪む婦人図の件とかですね」

「……うーん。これに関しては、まず、そうだな。……菅原君」

「はい？」

「オカルト界隈で、そういう『動く絵』の事例はあるのか？」

菅原君は、急に話を振られて考え込んだ。

「……意外とないですね。小説や中国の説話なんかではありますが」

「雨宮君は？」

「夜になると動く、音楽室のベートーヴェンの目玉とかですかね」

「……学校の怪談かよ。事ほど左様に、絵が動くというのは難易度が高いんだよ。これが人形だと、やたら動き出すんだけど」

「二次元と三次元の違いですかねえ」

「そもそも絵が動くって、具体的には何が動いているんだろう？」

「絵の具？　粒子がマイクロマシンみたいにざわざわ動くとか。……無理っぽいな」

「まあ、無難な線では、鑑賞者の視覚情報を操っているとかいう解釈になるんだろうな」

「綺麗なお姫様の絵ということになっていますけど」と、倉持さん。

「……綺麗なお姫様ねえ」

全員に心当たりが一人あった。

「菊姫って、何歳で死んだんだっけ……」

「十八らしいがな」

「『北九州一の怪談』っていうネーミングは、やはり『九州一の怪談』の菊姫をリスペクトしているんでしょうかね？」

「それは作者にしか分からないが、しかし、そんな気がするな。……まあ、もう少し真面目に考えると、顔が歪むっていうからには、まずは立体的に描かれていなければいけない訳だ。故に顔料の種類も多くなければならない。そういうのは、掛け軸とか屏風絵なんだよな」

「寺に預けたって言うんだから、掛け軸なんじゃないですかね。これも、お得意分野じゃないですか」

「菊姫のリアルタイム肖像画だったら凄いんだろうけど、当時は……織田信長の肖像画があるじゃないか？　多分、存在してもああいう感じののっぺりしたものなので、歪むって感じじゃないと思う。……まあ、仮に何者かが後世に『菊姫』だと意識して、その肖像を掛け軸に描いて、それが伝わったとするなら分からんでもないが。それなら、絵の具だって空間だって歪んでも驚かないがな」

「歪むって言うけど、笑みを浮かべるということらしいですよ。……邪な笑み」

『残穢』の文庫本を爪繰りながら、雨宮君が言った。

「それだと、尚更線画じゃ難しいだろう。迫力もない」

「どんな絵だったんでしょうね」

「個人的には、小早川清の美人画が好きなので、そのタッチでお願いしたいがな」

小早川清は福岡生まれの画家で、古風を感じさせながらもモダンさを併せ持つ特徴的な美人画を多く残した人だ。小児麻痺の後遺症で、左手だけで描いた作品にはファンも多い。

「小早川って、また因縁めいた名前ですね」

「それはまあ偶然だろう」

「ああ、そうだ思い付いた！」更に酔ってきた倉持さんが唐突に言った。

「何だか埒《らち》が明かないから、ショートカットしましょう」

「ショートカット？」

「北九州近辺の怪談の下地は、宗像怨霊伝説なんでしょう？　どうせぶち当たるのなら、そっち側から攻めたらいいんですよ」

男三人が一斉に、「何言ってんだ？　この女」と言った目つきでディスプレイを睨んだ。

「例えば、宗像に炭鉱があったのかとか」

一瞬、場の空気が固まった。確かに、その線は考えないといけないのかもしれない。

「……筑豊とかの産炭地と結構離れているからなかったんじゃないかな」と菅原さん。

「どうなんでしょう？」

「あー、結論から言えば、あった」

「あるんですか」

「知っているところでは、まず池田炭鉱だな。宗像四連高峰の一つ孔大寺山《こだいしやま》の北西側、例の山田地蔵尊の近くでもある。……でも、ここは昭和三十六年まで続いていて、一時は抗夫は六百人はいたらしい」

「結構、盛業だったんですね」

「玄界灘側の津屋崎に塩田があって、その塩を精製するのに石炭で焚いていたので、需要があった。というか、元々そのために開鑿《かいさく》された炭鉱なんだ。何でも、そこまで四・五キロの距離を空中ケーブルで運搬していたとか」

「つまり、空中を石炭の詰まったカゴが動いていくんですか？　あまり運べないでしょう？」

本棚から資料を引っ張り出す。

「……そのカゴ一個の容量が百八十キロ。一日に二百五十トン運搬できたそうだ」

「うへえ」

「これが大正期の話だっていうんだから凄いな。……ああ、ここも鉱業権は貝島炭鉱が持っていたんだな」

「貝島？」

「さっき話していた鬼山炭鉱を当初開鑿したのは、貝島太助なんだよ」

「筑豊御三家の一人ですね」と雨宮君。

「麻生太吉、貝島太助、安川敬一郎だっけ。特に貝島太助は一介の抗夫から成り上がった正に立志伝中の人物ですね」

「あと、遠賀郡の岡垣町側になるけど海老津炭鉱というのがあった。岡垣町から県道八十七号線で宮田方面へ行くと百合野という交差点がある。その辺りだ。本拠地の岳山城の近くだから、まあ当時は明らかに宗像氏の勢力圏だな」

「百合野？」菅原さんが厭な顔をした。

「百合が自生していたんですかね」

「まあ、カノコユリは宗像近辺しか自生地が知られていなかったっていうのは前に話した通り……」

私は考え込んだ。

「どうしました？」

「……実は百合野っていう場所は、もう一つあって」

「はあ」

「宮若なんだが」

「また宮若ですか……」

「地名としては今は龍徳なんだけれど、そこに確か、『百合野山荘』っていう貝島太助の弟の屋敷があったと思うんだけど、今はどうなっているんだろう？」

皆が一斉にブラウザを立ち上げて検索を始めた。

「ありました。現存しているみたいです。……えーっ。……敷地面積……八万平方メートル？」

「でも、全くどうなったのかっていう話を聞かないぞ」

「ずっと非公開で、管理されているみたいですね」

「しかし、これ凄い屋敷ですね」倉持さんが、うっとりとした口調で、

「『残穢2』を作るなら、絶対この場所でロケすべきですね。物凄い幽霊屋敷映画が作れそう」

「日本映画で、幽霊屋敷物をやったのは『スウィートホーム』くらいか？　……いや、だけど絶対宮若市が許可しないだろうけどなー」

「所有者がいるようだし、事故物件でも何でもないんだから、噂だけでも嫌われるだろうな」

なので、あくまで参考までにここに記す。貴重な炭鉱遺構なので、是非現状のまま保存してほしいと思う。

「百合野山荘」は、元々貝島太助の弟、貝島六太郎の私邸として大正五年（一九一六年）

に完成した。宅地面積一万七千七百平方メートル。一部木造二階建てで東西に長く広がり、洋館作りの応接施設、大広間、茶室、茶庭、中庭、居住施設、回遊式庭園、展望所、仏間棟、そして土蔵が外観だけで三つある。

間取り的に、部屋数は二十程度と思われる。

貝島家の組織改編と事業展開の都合で六太郎は下関に転居してしまったため、「百合野山荘」が実際に住居として使われていた期間は非常に短い。

貝島太助がこの「百合野山荘」の完成とほぼ同時期に死去しており、六太郎の一族内での立ち位置というのが脆弱になっていたのも一因かもしれない。

その後は、ずっと閉鎖され、戦後の一時期だけ一般公開されていたらしい。「百合野山荘」の名称が付いたのはその頃らしかった。

火災予防のために現在電気は使用されておらず、見学には所有者の許可と管理人の同伴が必要である。


「この入り口の門も重厚というか、屋根付きで凄いですね。ああ、名前まであるんだ。……毛利門？　何で毛利？」ブラウザで写真を探しながら菅原さんが言った。

「貝島太助が資金不足で困っていたときに、毛利侯爵家から借財できたんだ。その感謝の念を屋敷への出入りのときに必ず思い出すようにという、そんな感じの川筋メンタリティかな」と、雨宮君。

「川筋気質ってそんなだったかな……。貝島と麻生で刃傷《にんじょう》沙汰の大喧嘩寸前まで行ってたり」

「確か六太郎が単身麻生に乗り込んで……話し合いの場を作るんでしたっけ。どうだったかな？」

さすがに、その頃の話は我々でもあやふやである。

「あと、思い出したんだけど、これは倉持さん向けの話だな」

「何です？」

「ここの仏間棟だけは、解体して移築されているんだ」

「え？　じゃあ、欄間もあったんでしょうか。地獄の見えるという」

「それは知らないが、部材が再利用されるっていうのは『残穢』に繋がるな」

「どこに運ばれたんでしょう？」

「実は百合野には太助の四男の太市の屋敷もあったんだが、これが下関に移築されているんだ。多分、その太市邸か、その別邸か……。どちらも今では残っていない」

「六太郎は？」

「下関に移ってからの六太郎の足取りっていうのは、よく分からないな。貝島炭鉱の本社が下関に移ったんで、その設立とかには関わったんじゃないかとは思うが、不詳だな。その後、会社と一族内の組織改編で隠居させられているようで、さっきの太市が一族の宗主になっている。六太郎はずっと太助の片腕として尽力してきたんだけど、何しろ抗夫上がりだから、本格的な会社経営の時期になると役割はなくなっちゃったんだろうな」

昭和二十年の下関空襲で、赤煉瓦造り三階建ての貝島本社は焼け落ち、その後本社機能は宮若に戻される。下関貝島邸の建物が戦後混乱期のこの時期にまた移設されたとは思えないが、経緯は現状我々には不明なまま、その仏間棟の部材は行方不明となっている。

炭坑怪談

『残穢』の文脈では、奥山家が炭鉱火災で死亡した抗夫の霊に祟られたのか、当主が一家全滅の殺人事件を起こし、それがまた祟って、奥山家の屋敷の部材を使った家へと伝播していくことになっている。

祟りの連鎖と、分散した事故物件の二重奏で恐怖が盛り上がる訳だが、実際に聞き集めた炭鉱の怪談というのは、あまりそこまでのパワーを感じさせない控えめなものが多い。

元々、よほど近代化される以前は「板子一枚下は地獄」の船乗りや漁師と同じく、炭坑夫もかなりタイトに死と隣り合わせの仕事であり、入坑するときにはその度に覚悟の必要なものであった。

多分、恨み辛《つら》みは飲み込んで死んでいくくらいの凛とした矜持《きょうじ》を、労働者全体で持っていたのではないかと思える。

なので、『残穢』の亡霊が本当にいたとすると、

「ふうたんぬるいのう。坑内火災で死んだくらいで祟るっちゃなんか！」

「それでも川筋モンか、ちょんころまい奴やのう！」

と、他の死者にフクロにされかねないと思うのである。

この辺が、どうもストーリーの終盤で、地元民である私などが違和感を覚える原因の気がするが、これは個人差があるだろうから感想までということで。

炭坑怪談で多分一番多いのは、仕事を終えて抗口へ引き上げるときに、坑道に誰かが立って、

「連れて帰ってくれ」というもの。

このときに何かを渡されたり、何かを拾ったりすることがある。

着物の切れ端だったり、遺骨の一部だったりするが、炭坑で働く人は見慣れているので、誰も怖がらない。

中には親切な人もいただろうが、この話をしてくれた人は、

「ぼうっとモヤみたいなのが出るだけなので、相手にしなかった」そうである。

そもそも漁師と同じで、抗夫は験《げん》担ぎばかりなので、縁起が悪いものには近寄らないのだそうだ。

だが、同じ人なのだが、

「あれは怖かった」と、何かを思い出して話し出したので、興味津々で記録したことが

ある。

この人は戦後間もなくの頃、ある炭鉱会社で坑内員として働いていたそうだ。住宅はあてがわれたものがあったが、実家は数キロ離れた先にある農家であった。

その実家のすぐ近くに、「ボタ」を積み上げた「ボタ山」があった。

戦争で石炭の大増産が行われ、後先考えずにその場所に排出してしまったらしい。

ボタとは石炭を採掘するときに、どうしても一緒に混じってしまう捨て石のことで、これには砕けた石炭も混じっており、粉状になったそれが雨が降ると流れ落ちてくる。

これが田に流れ込むと、その表面を覆い、黒い泥濘《でいねい》ができる。

それを「ギロ」と言った。

「親父が『ギロができて田植えができない。手伝え』と連絡してきたので、仕方なく帰ったんだが、まあ、そりゃあ、田圃一面が真っ黒で」

それを柄杓《ひしゃく》やバケツで掬《すく》い上げ、ヘトヘトになりながら次の日には、更に田植えも行った。

その日は労賃代わりに酒を散々飲んで、酔っ払って寝てしまったのだが、夜中に尿意を覚えて厠《かわや》に立った。

当時だと当たり前なのだが、それは家の外にある。

更に外には電灯もなく真っ暗であるのだが、業務用の懐中電灯を持ってきていたのでそれを使って庭に出た。

遠目には、自分の家の田圃があり、星空を背景に間近にあるボタ山が三角形にそれを切り裂いていた。

用を足していると、どこかから、ひそひそ声で、

「……意地悪《にくじ》せんどってよ」

と、若い女の声がする。

だが、ここは野中の一軒家に近く周囲は田圃ばかりである。

どこかの子供か何かが、そこら辺にいるのだろうかと、

「誰かおるんか？　夜は溝に嵌《は》まるけ危なかぞ」と声を掛け、周辺を懐中電灯で照らすが誰もいない。

しかし、また声がした。

「……いつまでね？」

足早に声の聞こえたほうへ向かうと、そこには掬った「ギロ」が、また流れて溜まった溝がある。

升になっていて少し深い部分だが、やはり誰もいない。

首を捻って、帰ろうとすると、その升の中から「ギロ」に表面を覆われて真っ黒に艶光りした、髪の長い女らしきものが飛沫とともに飛び出してきた。

さすがに声を失っていると、懐中電灯の円光に白い歯並びだけが浮かんで、

「どげんしたらええんやろなあ？」

と、はっきり言ったそうだ。

これは死人だと直感し、縁起でもないにも程があるので、脱兎の如く逃げ出し、酒をカッ食らって布団を被って無理矢理寝てしまったのだそうだ。

翌朝、寝間着を見ると、「ギロ」の飛び散った汚れがあった。

父親に、えらいものを見たと話すと、

「女の子なら……。この辺のモンじゃないが、ボタ拾い（石炭屑拾い）に来て、崩れたボタの塊に当たって死んだ子供がこの間おったな。十四、五くらいかな……」

と、凄く渋い表情で教えてくれた。


最初に戻って、「連れて帰ってくれ」の話で印象深いのが一つある。

遠賀郡水巻町の炭坑の話を纏めた「石炭物語」（柴田貞志著）という本があって、その

中に「地底の女」という題で載っている。

概略だけ書くが、梅ノ木炭鉱での話ということになっている。

五十絡みの藤助という男が、人の嫌う卸《おろ》し切羽《きりは》で働いていた。

切羽というのは、石炭を採掘する最前面ということだが、この場合下側に傾斜しながら掘っているので、掘った石炭をまた担ぎ上げて後方の坂の上にある、炭車と呼ばれる運搬車に乗せなければいけない。

そのため、手間が掛かり、疲労もより溜まる重労働であった。

通常、先ヤマと呼ばれる堀り手と、後ヤマと呼ばれる積み込み係の二人が最低必要だが、誰もなり手がなく、藤助が一人でこなしていたときのこと。

見知らぬ若い女抗夫が一人、水を分けてくれと近寄ってきた。

水筒の水を分けてやると、お礼だと言って、藤助の掘った石炭を全部炭車まで担ぎ上げてくれた。

その後も同じようなことがあり、身元を聞くと、女は、

「実は、自分は先日坑内事故で死んだ者だ」と言い、

「外に結婚の約束をした久米吉というものがいる。先に死んでしまったことを一言詫びたいが『地底の掟』では、誰かに連れて出てもらえないと外へ行くことが叶わない」と話した。

藤助は可哀想に思い、手を引いて抗口まで連れて出てやった。

女はどこかへ去っていったが、数日後、また坑内事故が起こり死者が出た。

知らせでは、その犠牲者の名前が久米吉だという。

家族から話を聞くと、突然若く美しい女が訪ねてきて、既知の仲だったようで久米吉は大層喜んだ。

二人で八幡まで活動写真を見に行ったりとても仲が良く、親としても似合いだと思い仮祝言まで挙げたのだという。

「朝、二人で元気に坑内に下がっていくのを見たが、それが最後でした」とのことだった。

……この女も、雨宮君の言うところの「ストロング系」なのかなと、ふと思ったりもした。普通に出かけて、映画鑑賞までしてくるというのは、あまり聞いたことがない。

何げなく出てくる「地底の掟」というのも気になるところだが、それはまたの機会に考えるとして、原本では久米吉と女が、お礼を言いに藤助の前に二人して現れ、地底で楽しく暮らしていると述べる。

……死後、地底で楽しく暮らせなかった例というのもある。

大正三年に、田川郡の方城炭鉱で炭塵爆発があり、会社側発表で六百七十一人もの死者を出した。

復旧作業は難航したが、この際坑道を掘削し直し、中にあった土砂を外へ運び、あちらこちらに野積みした。

土砂には遺体の一部や遺骨が混じっていたようで、それが置かれた近くの道筋を通るのを住民は酷く恐れたそうだ。

土砂の上で怪火が灯る。

道筋に沿って何人も人影が立ち、誰かが迎えに来るのを待っている様子でじっとしている。

薄ぼんやりしたものが、その周辺を飛び回る。

……この場合、移されたのは地底の土砂なのではあるが、どこか『残穢』のセオリーに類するものは感じざるを得ない。

さて、時代背景がバラバラで書いていたが、明治時代に確立し昭和の初期まで続いていた「納屋制度」というのに触れなければならない。

この場合、雇われる抗夫は会社あるいは炭鉱主ではなく、納屋に所属する。

納屋の納屋頭は抗夫の生活の一切の面倒を見る。納屋頭は、出炭量に見合った報酬を受け取り、取り分以外を分配する。

そういう契約であった。

そのため、この納屋頭に問題があると生活のあらゆるところに圧力の掛かる「圧制ヤマ」というものになってしまい、極端になると寝る以外は全て石炭を掘れ、一日十四時間労働だ、なんてことになってしまっていた。

ヤマは概ね閉鎖社会で、なかなか官憲の目も行き届かず、また炭鉱主が地域経済に力を持っていたため、なおざりな対応が多かった。

何しろ地獄の十四時間労働なので、当然ここを脱走するものも現れる。これを「ケツワリ」と言い、今でも「ケツをワリやがって！」等と普通に使う……と思うのだが、どうなのだろう？　最近、喧嘩をしないのでよく分からなくなっている。

ともかく、例えば筑豊の中央部辺りから脱走すると、鞍手・宗像方面が炭鉱が少なくて監視の目が緩い。そちらへ向かって、検問（追っ手が当たり前のようにやっていた）を避けひたすら進む。

今の脇田温泉の辺りまで逃げたとすると、その先は犬鳴峠を抜けて久原村（今の久山町）に至るルートと、猫峠を通って篠栗方面へ抜けるルートがある。

実はその先は石炭組合が違っていて、そこまでは追ってこないのである。抗夫は食うために石炭を掘るしかないから、そこの炭坑に潜り込もうと思う。

だが、追っ手は大抵それを読んでいて、泰然と待ち受けており、峠で捕まってしまう。腹いせに思いっきりリンチされて、

「あいつは、犬のように鳴きおった」とか「猫のように鳴いたぜ」とか吹聴されるので、「それやから、あそこは犬鳴っち、言うったい」と、何度か親などに聞かされたことがあるのだが、江戸時代の文書に既に地名があるのでそれは違う。

違うのだが、この話は結構方々で聞いたので、「あそこは薄気味の悪いところだ」と思う下地にはなっているのだろうかとは、考えるのである。

納屋頭だが、正式には納屋頭領と言う。この納屋頭領の上に大頭領というのがいて、更に上部組織があった。

最後に、怪談ではないのだが半ば都市伝説化していた話を一つ。

学校で起こった事件としてはかなり凄いものなのだが、炭鉱の閉山に伴って忘れ去られ、しかし一部で語り継がれていた華々しい喧嘩の話である。北九州らしい話と言えばそうなのかもしれない。

先ほどの「石炭物語」に詳しく載っている。

大正六年（一九一七年）の秋、某小学校で運動会が行われた。この頃は第一次大戦の戦時景気で、炭鉱はどこも大増産となって活況を呈していた。

運動会は、今とやや違って、村落の地域対抗種目があったり、露店も出て村祭り的な意義もあったらしい。

午前中の競技が終わり、子供達は親と一緒に教室で家から持ってきた重箱などの弁当を食べるのだが、朝から飲食自由で親達はその頃にはかなり酒が入っていたらしい。

そこには、元々仲の悪い二つの炭鉱に所属する家族らもいたのだが、遺恨があったらしく、口論から殴り合いになるが、これが周囲を巻き込んだ大喧嘩に発展する。

炭鉱主も違い、ライバル関係にあるので、歯止めが利かない。

最初は多人数の殴り合いで始まったが、知らせを聞いたそれぞれの炭鉱から助っ人が集まり、棍棒を持ったり刀で武装したりで、それらが参戦して、運動場で六尺褌一つ、ド派手な刺青を晒しての大人数の立ち回りになった。

ツルハシを身体に打ち込まれたり、刀でメッタ切りにされたりで、大流血の末、死傷者十数人が出た。

更に、集結した各々の抗夫百数十人が遠賀川の河原で決闘をするとの噂が流れた。

結局、双方の納屋頭の仲裁で、ぎりぎり決闘は事なきを得たが、この事件の影響で、「運動会での、父兄児童の教室での飲食は禁止」との通達が県から出た。

「何で、教室じゃなくてグラウンドで弁当を食うんだろう?」と、幼き日に思ったあなたには、知りたくなかった真実かもしれない。

待つ

コロナの緊急事態宣言が出て、マスクや何故かトイレットペーパーが不足している時期、取材にも行けないので、夜は暇つぶしのリモート飲み会をだらだらと続けることが多くなっていった。

そんなある夜、酔っ払った雨宮君が、

「例の『月』なんですが、『ツクヨミ』と関係があるんじゃないですかね？」と、言い始めた。

何となく当たりっぽい気がしたので私は乗り気ではなく、聞き流していたが、

「アマテラス、スサノオと並ぶ三貴神の一人なんだけど、記紀にはあまり登場しない。謎の神ですね」と、スパークリングワインで、これもできあがっていた倉持さんが乗ってきた。

「月の神様なのだから、そのまんまと言えばそのまんまですね」

ツクヨミは、イザナギが黄泉国で禊《みそ》ぎを行った際に生み出した「三貴子《みはしらのうずのみこ》」の一柱だ。

正確には「月読命《つくよみのみこと》」と書く（日本書紀では月読尊）。

「次に右の御目を洗いたもうときに成りませる神、御名は月読命」

雨宮君は、どこかから黄ばんだ古事記の文庫本を持ち出してきて、読み下して見せた。

しかし、見えづらいのか手を思いっきり伸ばしている。

「それで、イザナギがこう命じるんだよな。『次に月読命に詔りたまいて、汝命《なのみこと》は夜の食《お》す国を知ろしめせと、事依《ことよ》さしたまいき』」

「夜の食《お》す国を治めろってことですよね」

「この『夜の食《お》す国』なんだけど……」

「そりゃあ、夜の世界ですよ。『インタビュー・ウィズ・ヴァンパイア』で、トム・クルーズが夜の世界のあまりの美しさに感涙するじゃないですか」

台所に肴を作りに行っていた菅原さんが戻ってきた。話の成り行きだけは聞いていたらしい。

「私は、黄泉の国っていうか、死後の世界だと思うんですけど」と倉持さん。

「だって、名前に『ヨミ』って入ってるし」

「まあ、アマテラスとツクヨミでちょっと喧嘩して、昼と夜が別れたってことになっているがな」

辛抱溜まらずに、私も参戦してしまった。

「夜が一日の半分を占める割りに、ツクヨミを祀る神社は少ないので、黄泉の国説が結構幅を利かせているな」

「トム・クルーズの旗色が悪いな……」と、炙ったオイルサーディンにフォークを刺しながら菅原さん。

「ヴァンパイアの天敵がアマテラスだってことは分かったけど、『夜の食《お》す国』が、夜でも黄泉でもないとしたらどうでしょう？」

雨宮君が文庫本を捲りながら、薄気味悪く笑った。

「……我々は、別の可能性に詳しいんじゃありませんかね？」

「別の可能性？」

「皆さんは、この世でもあの世でもないところに、何かがいると思っているんじゃないですか？」

言葉に詰まった。

「……じゃあ、幽霊とか怨霊を治めているのか」

「分かんないです。『夜の食《お》す国』が、そんなものだったら面白いなという話なだけですけどね。……あー、目が疲れる」

急に調子を変えられて、がっくりと来た。

「そういえば、老眼鏡はどうした？　結構高いのを買って使っていただろ？」

「それが……杉富さんの家に取材に行ったとき置き忘れて」

「ああ、小倉南の」

「預かっているとメールはくれたんですけど、なかなか取りに行けなくって」

「小倉南区なら、私、貰ってきましょうか？　今度お会いしたときに渡せますよ」

実は怪談好きの店主のいる焼肉屋があって、「修羅ノ国」の献本をして以来行きつけになっていた。個室もあるし、コロナ対策もしたとのことでお気兼ねなくと、最近誘われていたのだった。

会議のメンバーで、たまには行こうかという話になっていたのだが、まあ、色々と状況次第ではあったので、具体的には決まっていなかったし、延び延びになっていたのである。

「わざわざすみません。この住所で分かります？」

「いえ、丁度勤務先からの帰り道の途中ですよ」

私はそれらの会話を聞き流しながら、ある考えに没頭していた。

アマテラス、スサノオ、ツクヨミの三貴子の件だが、スサノオがアマテラスに会いに高天原に上ったとき、スサノオに侵掠《しんりやく》の疑いを抱いたアマテラスが誓約を求めた。

それは宇気比《うけい》という方法で判断され、まずアマテラスがスサノオの持っている十拳剣《とつかのつるぎ》を受け取って噛み砕く。

その反応でスサノオが悪意を持っているのかどうかを判断するのだが、このときアマテラスが吹き出した息の霧から女神が生まれ、邪心がないことを示した。

その女神とは、「市杵島姫命《いちきしまひめのみこと》」、「田心姫命《たごりひめのみこと》」、「湍津姫命《たぎつひめのみこと》」。

即ち、宗像三女神である。

……ツクヨミは、三貴子の一人なので、宗像三女神よりも上位にあるのだ……。


それから二日ほどして、倉持さんは仕事帰りにカーナビを使って、杉富さんの家の近くまで来た。

軽自動車を住宅街に乗り入れた辺りから徐行運転して、ナビが、

『目的地に到着しました』

と言ったので周囲を見渡すと、地味な服装の女性が家の軒先に立っており、ぼんやりと空を見上げていた。

ひっそり暮らしている人という、聞いていたイメージと合致して、多分本人だろうと思った。

車の中からでは、どこを見ているのか分からなかったが、宵闇が降りる中、星か月しかそこにはないだろうとすぐに分かる。

杉富さんは倉持さんに気づき、すぐに近寄ってきた。

「メールを頂いた、雨宮さんのお知り合いの方ですね？」

そうだと返答をして、すぐに食品保存用のパックに入れられた老眼鏡は受け取ったのだが、

「よろしかったら、少しお話ししませんか？」と、はにかんだ感じで誘われた。

倉持さんは、超常現象の渦中にあるような人物とは、もう出会えないかもしれないと道行きで考えており、実は少し興味があったのだった。

「はい。喜んで」

「車は、こちら側に置いて下さい」

家の脇に、丁度一台分のスペースがあった。そこにバックで駐車して、車を出て空を見上げたが、そこには渦巻くような曇天の夜空があり、何も見えはしなかった。

円形のコーヒーテーブルのある、あの部屋へ招じ入れられ、コートを畳んでいると、

「丁度、良い豆が手に入ったのでコーヒーを淹《い》れたいんですが、構いませんか？」と、訊かれた。

「はい。是非」

待っていると、台所からふくよかな香りが漂い始め、やがて色絵磁器のカップに入れられたそれが出てきた。

これは絶対美味しいやつだと思い、一口頂いてそれを堪能していると、

「雨宮さんのメールにあったんですけど、倉持さん……は、霊能力者にお詳しいそうですね？」

「いえ、そんな大それたものでは。趣味で色々文献を読んでいるだけです。……ああ、これとても美味しいです。飲んだことがないくらい」

「それは良かった。……それで、少し御相談なんですけど」

「相談？」

「と言っても、どう説明していいのかも、よく分からないのですが……。まず、もう他界している私の祖母のことなのですが」

「ええ」

「気難しい人だったのですが、まだ少女時代に一度、神懸かったことがあったそうなんです」

「神懸かり？」

「ですが、本人が一回そう漏らしただけで、そのときのことは全く話さないんです。宗教に没頭するとか、変わったことも別に何もなかったんですけどね。ただ、私が産まれたときに、私の名前を『祀子《まつこ》』にしろと、かなり強硬に主張したんだそうです」

「マッコ？」

「こういう字です」

杉富さんは、台所から新聞のチラシを持ってきて、ボールペンで書いて見せた。

「結婚自体にも反対されたこともあって、母と祖母はかなり険悪な仲でした。結局母の望んだ名前になったのですが……何というのか、祖母には私の行く末が分かっていたのではないかと思うんです」

「行く末……ですか」

どういう意味なのか分からないで悩んでいると、

「倉持さんは、太宰治はお読みになったことあります？」と、不意に訊かれた。

「え？　……ええ、何作かは」

杉富さんは居間に行って、本棚から文庫本を一冊取り出して持ってきた。

「この中に入っているんですけど、『待つ』という短編があるんです」

それは読んだことがなかった。受け取って見ると、凄く短い……短編というよりもコントと呼ばれる部類のものか。

「今、読みます」

コーヒーを一口啜って、倉持さんは集中し一気読みした。

それは、二十歳の女性が、買い物帰りに毎日駅に行き、誰かが来るのを待っている、というただそれだけの情景が独白調で書かれたものだった。

恋人や知り合いを待っているのではない。

見知らぬ何だか分からない何者かを、ひたすら渇望して一心に待っているというものだった。

「……読みました」

感想を訊かれても、答えようがないなと思っていると、

「この主人公が、そのまま今の私のような気がするのです」と、杉富さんは言った。

「よく分からないのですが、いつの頃からか、ずっと私は何かを待っている気がするのです。……恋人ができても、私がそんなふうで、何となく勘付くのでしょうね。……自分ではないことを。……それで、いつもうまくいかず、去られ別れで結局結婚もせず、独り暮らしで寂しく生きているのですが、それでも何かを『待つ』気持ちは治まらないのです」

この杉富さんの告白は、倉持さんにはかなりの衝撃だったらしく、その深夜にリモート会議が緊急招集された。

興奮気味な倉持さんの報告を聞いたメンバーは、しかし一様に反応は鈍かった。

「要するに、何を待っているんだ？」

「蓮門教の復活とか、教祖に関連するのかもしれないが、本人が分からないんじゃ、そりゃ目星が付かないな」

「マッコと言えば、デラックスしか想像できねえ」

が、倉持さんの目には何かおぞましき光が宿っていた。これは男どもをギャフンと言わせてやろうという、自信と優越感に満ちたものだと、私は直感したが、同時に何か我々に縋っているような気配もあり、首を傾げた。

「……私は杉富さんと同じように、ただひたすら何者かを待っていた人物を一人だけ知っています」

「ふーん？　……だが、そんな人物って記録に残るのか？」

「皆さんは、『福島久子《ふくしまひさこ》』という人を御存じですか？」

「いや、知らん」

「存じません」

「霊能者？」

「福島久子は、大本教の開祖出口ナオと婿養子の政五郎の三女として、明治元年に生まれたんですが……」

「大本？」

政五郎は大工だったが大酒飲みで、出口家の生活は苦しかった。そこで口減らしのために久子は父親の実家へ預けられる。後には奉公にも出され、幸の薄い境遇であった。

明治二十二年、福島寅之助に嫁ぎ翌年に出産するが、産後の十日間に神懸かり的な神秘体験をしたらしい。

明治二十四年頃、母親ナオにも神懸かりが訪れる。

明治三十年、ナオに艮《うしとら》の金神が懸かり、「こと判《わ》けるミタマが東から出てくる」との筆先（一種の自動書記）が出る。

「久子は今の京都府の八木町に茶店を開いて、その男か女か何者かも分からない『こと判《わ》けるミタマ』を、ひたすら待つことになります」

「その情報だけじゃ、漠然としすぎているな。どうやって見分けるんだ」

「そして、来る日も来る日も通りを眺めていると、明治三十一年十月七日に、茶店の前を陣羽織を着て歯をお歯黒で染め、バスケットとコウモリ傘を持った、奇怪な人物が通りかかります」

「……不審人物にも程があるな」

「久子は、その人を呼び止め、ナオの元に案内します。最初はお互いに印象が悪かったみたいなのですが、後にまた現れナオの五女と結婚することになります。……男の名前は、上田喜三郎《うえだきさぶろう》と言いました」

「……いや、それって」

「後の、出口王仁三郎《でぐちおにさぶろう》です」

「……ということは」と、男三人が同時に口にした。

「杉富さんも、その『こと判《わ》けるミタマ』を待っているのか！」

「色々符合しますね」

「『こと判《わ》けるミタマ』って、何？」

「それは多分」私が説明した。

「審神者《さにわ》のことだな。神から受けた神託……神の言葉を解釈して神意を伝える者だ」

「出口王仁三郎は大本教の二大教祖の一人だけれど、確かに教祖がどうとか言う前に神託がなければ宗教にはならないな。むしろ、審神者がまず必要なんだ……」雨宮君が、柄にもなく考え込んだ。

「……福島久子は、大本教の開祖より先に神秘体験をしている。それは審神者たる出口王仁三郎を発見するために必要な、謂わば前工程なのかもしれない」

「杉富さんの場合も、そのプロセスの渦中にあるとも考えられますね」

「だとすれば……これって、ちゃんとした宗教開闢《かいびゃく》の手続きを踏んでいるんじゃないのか」

「全くだ」私も考え込んだ。

「すると、その審神者が現れると、蓮門教が復活するんですか?」と、菅原さん。

「そうとは限らないな。蓮門教は色々失敗したが、最もしくじったのは、宗教が始まった経緯に『神話』がないことだな。今の福島久子の一件だって、大本教にとっての立派なその神話の一部だろう。蓮門教には、これといった大衆を惹きつけるエピソードがないんだよ」

「確かに。だから、根付かなかったんだな」

「今、正に、その神話が作られつつあるのかもしれない。……随分荷担してしまった気がするが」

「すると……するとですよ、その経緯を記録した『北九州怪談行』が出たら、それってその宗教の聖典になっちゃうんじゃ」

「冗談じゃねえ!」雨宮君が吠えた。

「俺は、誰かの悪意によってデフォルメされているんだ。そんなもの偽書で充分だ。いや、焚書《ふんしょ》だ焚書」

「そんなことより」咳払いをして話を修正した。

「蓮門教がそのまま復活したって、たかが知れていると思うんだよ。どうも、蓮門教の流れを汲んではいるが、リニューアルした何か凄い奴を、誰かが計画しているような気がするんだが」

「誰かって？」

「誰かだ。言いたくない」

「……まあ、人間じゃあないような気もしますね」

「想像に任せる」

「審神者が現れたら」途中から黙っていた倉持さんが、昏い眼をして言った。

「杉富さんは……解放されるのでしょうか？」


倉持さんがログアウトした後、こっそりとまた男三人で回線を繋いだ。

「蓮門教の件で追加情報。淫祠邪教の『淫祠』なんですが、これには『狐つかい』の意味があるようです」と、菅原さん。

「ああ、それで……古狐なのか」

「島村みつの師匠である柳田市兵衛は、日蓮宗不受不施派に属していたという説がありまして、経緯は省きますが不受不施派は江戸幕府に禁教にされて、二百年間くらい極端に秘密結社的になっていました。どうもその間に『狐つかい』の濡れ衣を着せられて、それが蓮門教に波及したようですね」

「当時は『狐憑き』が、かなり多かったようだものな。明治時代でも当たり前に狐狸が人を化かしたり、乗り移ったりすると信じられていた。迷信撲滅運動の素地だ」

「つまり……憑依ですか」

「憑依だな。そして……これがまたツクヨミと関係がある」

「ツキモノですもんね」

「蓮門教の病気治しには、多分この狐憑き等も受け入れていたんじゃないかな。……症状としての狐憑きは立派な精神疾患だからな」

「需要があるなら、ツキモノ落としは得意分野じゃないといけないだろうし。例の御神水でも使ったんですかね」

「その御神水だが……万葉集に変若水《おちみず》という若返りの霊水をツクヨミが持っているという歌があるそうだ」

「……全く、水ってぇ奴は、いつの時代も」

「正月に汲む『若水』が、この信仰の名残みたいなものらしい。また、憑依の事例で行くと、四八七年に任那《にんな》に赴いた阿閉事代《あえのことしろ》という豪族に、ツクヨミ自身が憑依したらしく、山城国に神社を創建させたと日本書紀にある」

「その場合は『神懸かり』になるんですかね」

「よりついて託宣した、と言われているが同義だな。……まあ、神の場合、万一これがニセモノの邪霊だったらいかんから、審神者が必要なんだ。神を見極めるのもその役割だ」

「巧妙な狐がいて、神だと名乗るかもしれない訳か」

「で、その審神者が現れて、ちゃんと黒い石の神様が活動を始めたら、どうなっちゃうんですかね？」

「それは……目的が分からんから、不明だとしか言いようがない。が、憑依を使えば、取り敢えず人だけは集まりそうな気はするな。連れてきちゃえばいいんだからな」

「教義とか主神は？」

「ツクヨミにしろ、宗像三女神にしろ、それぞれちゃんと社に祀られているんだから、新宗教の神に持ち出しても新味がないし、どうなんだろうなあ？　まあ、上位神を奉じる神がいたっておかしくはないけどな。教義はきっと審神者と相談して、追々なんだろうな」

「一神教にはならないのかな」

「この場合、山田事件の六人……おっと、口が滑った」

「黒い石の御神体は七つですよ」

「それなら」雨宮君が言った。

「大寧寺の変で殉死した、菊姫の夫の宗像氏男を入れれば丁度……」

――接続が切れた。

廃坑

何分かの間、今頃正解を引いた雨宮君の家は怨霊全員に襲撃されて、ヒィヒィ言わされているに違いないと、菅原さんと二人で気を揉みながらニヤニヤしていたが、

〈パソコンの電源ユニットが死んだ！〉

と、間もなくスマホにメールが来た。

〈それくらいで済んで良かったな〉

と、打ち返して、その夜は解散となった。


翌日は昼前くらいまで寝てしまい、何だか気怠い感じで目が覚めた。ドキドキしながら自分で検温したが、三十六度三分で安心する。

トーストと解凍したミネストローネで昼食を摂り、暫しぼんやりとする。

煙草もやめてしまったので、手持ちぶさたの指先を見つめ、連想で『指月の譬《たと》え』を思い出した。

指……我々の見ているのは……指なのか月なのか。

惑える者は、指を視て月を視ざるが如し、だったか。

……ひょっとして、我々はまだ指ばかりを見ているのではないのか？

……なるほど。全てを疑ってかかれと、指はそう語っているようだった。

いつまでもそうしている訳にもいかないので、書斎に入った。

コロナのせいもあるが、どこへ行くという予定もない。ふと思い出して、写真フォルダから倉持さん向けの資料を探して時間を潰した。

宗像市昼掛にある高生炭鉱の施設が産業遺構に選定されたらしいので、どんなものだったか見直してみたかったのだが、画像に落としていなかったらしくフォルダの中にはなかった。

ここには抗口が幾つか残っていて、ぱっと見、崩れかけた洞穴にしか見えない。抗口を探していたのは、『残穢』に奥山家の斜坑跡の描写があるので、それに類するものはないかという話からだった。

それは「トーチカを思わせるコンクリート製の構造物で、巨大なパイプを斜めに刺したような形」らしいのだが、どうも想像が付かない。

そもそも、大正初期にコンクリートを使うというのは珍しすぎる。かなり設備投資をしているところでも、恐らく煉瓦造りだろう。

そういう大きな斜坑があるなら、炭車を運び出す巻き上げ機が必要になる。

零細炭鉱のイメージには合わないのだが、奥山炭鉱を後年また近代的採掘法で掘ってみたのなら、そういうこともあり得るので、一概には蹴れない面もあった。

それこそ例の鬼山炭鉱がいい例で、真下の深いところを技術を持った別の会社が掘ってみたら巨大な炭層があったらしい。

ネットのほうで探ってみると、志免炭鉱跡の周辺整備工事で埋もれていた抗口跡が発見されたとのこと。写真を見るとコンクリート製で傾斜の緩い斜坑となっており、多分こういうものではないかと思われた。

傾斜が緩やかなので、トーチカのような厳つい印象ではないが、多分旧海軍の施工で軍事用のものだろうとのこと。

海軍の艦艇には「冴物《さえもの》」と言って、煙の少ない良質炭が選ばれて使用されていたので、そういう用途の炭坑だったのかもしれない。

だが、志免だと北部九州ではあるが、北九州とは言えない気がする。

何を持って区別するのか、実はよく分からないのだが、炭坑の掟的に犬鳴峠の向こう側だからということでいい気もする。

奥山炭鉱が、その軍事用良質炭を産出する炭層をもし持っていたなら、ワンチャン掘り返した可能性もあるかもしれないが、結局「こちら側」にそれらしきものは見つけられなかった。

写真フォルダの中に、遠賀郡水巻町の住宅の裏手にあった抗口の写真を見つけた。堀川沿いの傾斜地にある赤煉瓦造りのもので、半円形の開口部があり、側面も築いてあるので、トーチカのような雰囲気もある。

大正期の施工のように思えるのだが、詳細は分からない。

ここの存在は筆者の子供の頃から知っていたのだが、私有地の中なので、長年「何かあるのだが、何なのだろう？」と、疑問を持っていた遺構であった。

謂わば探索心の原点なのだが、いつだったか取り壊しの話を聞いていた。

まだあるのか確かめたい気もしたが、がっかりしそうで足を向ける気にはならなかった。

夕方頃、スマホにメールが来た。

雨宮君がパソコンを買い換えて、中身を全部インストールし直したので、会議用のソフトで繋がるか確かめてほしいとのこと。

言われた通りにして待っていると、やがて画面に雨宮君が現れた。

「ああ……面倒臭かった」

と、いかにもげんなりした表情で言う。

「迂闊《うかつ》なことを言うからだ」

「迂闊なことを言う度にパソコンが壊れていたら、破産しますよ」

「……何か怨霊除けのお札を持ってないか？」

「……晴明神社のお札なら。画像もありますけどね」

それを共有フォルダで受け取ってプリンタで印刷し、お札っぽく切り取って、テープでパソコンに貼り付けた。

「……多少は効くだろう」

「迂闊なことを言うつもりですかね？」

「それは、どうなんだろうな。自分でもよく分からないが成り行きだ。……蓮門教と宗像の怨霊の一連の件だが、どう思う？」

「いきなりですか。買い換えたばかりだから、勘弁してほしいですね」

「俺はどうも、今日起きてからずっと考えていたんだが、腑に落ちないというのか、違和感があるんだ。昨日まではすっかり、怨霊が何かやっているのかと、考えが凝り固まっていたんだが、それらが全部『指先』のような気がしてきた」

「え？　我々はまだ指先で踊っているだけだったんですか？　……まあ、確かに何でまた怨霊が今更新宗教と関わってくるのか、というところは不可解ですよね」

「どこかで解釈を間違えているか、あるいは間違えるように誘導されているかだな」

「すると、今回の件には怨霊は関わっていないと？」

「どうも、出来すぎ感があるんだ。やっぱり、例の宗教開闢《かいびゃく》前夜の逸話を集めさせられているような気がする。怨霊譚が加わると深みが出るしな。完全に無関係かどうかは分からないが」

「なるほど。すると、蓮門教に関わる何者かが前回の反省に立って、リニューアルするために、色々魅力的で神秘的な要素を散りばめようとしていたら、偶々我々が網に掛かって、宗像怨霊譚を取り込んでしまったということですか？」

「天狗礫で、真っ先に引っ掛かったのは、君じゃないか」

「喜んで聞いていたじゃないですか」

「……こんな大掛かりな心霊詐欺だなんて想像が付くかよ。まあ、いちいち考察がうまく嵌まってしまったのも絶妙で、うまく乗せられたな。……敵は、かなりの知恵者だと思える。しかし……ともかく、杉富さんは何とかしてあげないといかんだろうな」

「そうですすねえ……。酷い話ですが、そもそもそれも大本教のパクリですしね」

「やっぱり、島村みつが絡んでいるのかな？」

「一遍、現れたみたいだけど、それだってそれらしく演出したのかもしれないですしね」

「じゃあ、例の黒い石の御神体がやっているのか？」

「御神体が意志を持っているというのも、考えてみるとあまり聞きませんね」

「じゃあ、何者が？　……確かによく考えると人間臭い企みでやっている気もするな」


取り敢えず、その件はそこで行き詰まったので、気分転換に『残穢』の廃坑跡に立っているというモーテルの件を訊いてみた。

「ああ、廃モーテルですか。炭鉱跡地にそんなのやホテルはよく建ってましたよね。でも、すぐ廃れて、取り壊されたりまた建ったりで、誰も把握し切れていないでしょう」

「まあ、そうなんだが」

「バブルの頃は一気にゴージャスになりましたねえ」

「あったなあ」

「それも老朽化して、廃墟になって、どんどん消えてますよ。殺人事件のあったそういうのを探す手もありますが、新聞を何十年分か読む羽目になりますね」

「要するにお手上げな訳だな」

「変なモーテルがあったのは、一つ知っていますよ。国道沿いの開けたところにあったから、炭鉱跡じゃないですけどね」

「ほう」

「そこに入るには、入り口にビニールの簾《すだれ》みたいなのがあって、それを車で押して乗り入れるんですが」

「ああ、目隠し、あったなあ」

「事が終わって、そこを出るときに、その目隠しから出た途端に車がエンストするんですよ。つまり、前席の二人が国道から長いこと丸見えになるんです」

「そりゃ恥ずかしいな」

「しかも、致命的な故障ばかりで、車が大抵オシャカなんだそうです」

例の犬鳴怪談に出てきた、自動車修理工場に勤める先輩の証言らしい。

「どうも、エンストした車のカップルは不倫関係が多かったらしく、あまりにも頻繁にそれがあるんで、暫くしてそのモーテル、噂が立って潰れちゃったらしいですけどね」

緊急事態宣言が解除になったので、延び延びの延び延びになっていた焼き肉にようやく行こうかという話になった。

倉持さんが、杉富さんも一緒に誘ってはいけないかと連絡してきたので、是非どうぞと返事をした。

誰も反対などしないのは分かりきっているのだが、それを聞いた雨宮君は「あの焼肉屋、堺町の近くですよね」と言って、少し考え込んでいたのは気になった。

当日の昼頃に、

〈今日はJRで行くので、現地集合でお願いします〉とメールがあり、何か企んでいるなとは思ったが、見当は付かなかった。

菅原さんは菅原さんで、小倉北区の古船場町《ふるせんばまち》にある菅原神社に行く用事があるので、そこで落ち合いましょう、とメールが来た。

菅原さんが菅原神社に用事？　仮名だから別段不思議ではないのだが、しかしこの仮名、誰が付けたんだっけと首を捻った。確か……本人が幾つかの候補から選んだはずだったと記憶を弄る《まさぐ》。

小倉の菅原神社は太宰府天満宮と同じく菅原道真《すがわらのみちざね》公、即ち天神様を祀っている。

無論、学問の神であり、また小倉の氏神でもあり、由緒正しい神社である。

しかし……道真公は平安時代に起きた清涼殿落雷事件以来、怨霊としても名を馳せているのである。

オカルティストのくせに、道真公に何か篤い信仰でも持っているのだろうか。

そんなことを思いながら、モノレールで旦過《たんが》駅に着いた。神社は歩いてすぐである。

六月に入り気温はぐっと上がっていた。マスクがなかなか暑苦しい。

玉垣沿いに歩いて境内を見回すと、神楽殿の赤い柱の傍に黒マスクを着けた菅原さんの姿があった。

声を掛けると、会釈をしてこちらへ来た。

「お久しぶりです。直に会うのはですけど」

「道真公に何か用事？」

ずっと考えていたので、つい口を突いて出てしまった。

「いえ、勿論学問成就の祈願です」

「論文でも書いているの？」

「そんなところですが、ついでに怨霊には怨霊ということで、御加護をお願いしました」

「『バケモンにはバケモンをぶつけんだよ』ってあれか」

「そんなふうに言っちゃって大丈夫ですか」

「元ネタは白石晃士監督の作品だし、まあ確かあの人も福岡県出身だから、引き合いに出されても仕方がないな。けれど、この間話したように、怨霊は今回あまり関係ないと思うんだけどな」

「伺いましたが、まあ、念には念をと」

それほど念を入れるくらい、今日の会合に何かを期待している風だった。

背中のリュックには、またロータス・ワンドでも仕込んであるのかもしれない。

「……やはり、何か感じるのかな？」

「……うーん、役者が揃うからですね。道真公だと雷撃で全滅のパターン？」

「米軍の誤爆でもない限りは大丈夫だろう」

「倉持さんは？」

「馬借《ばしゃく》の辺りの駐車場に駐めて、散歩しながら杉富さんと一緒に焼肉屋に向かっているとメールがあった」

飲み歩きで、散々歩いた路地を通って小文字通り方向へ向かう。

大通りは渡れる横断歩道が少ないので、その中間点に出てしまうとがっかりする。横断歩道のところに出て、且つうらぶれた路地裏の風情を楽しむなら、複雑なコース順があるのだが身体が勝手に覚えていた。

横断歩道を渡り、通り沿いの舗道を歩く。

「堺町公園は、もう少し門司寄りでしたっけ」

「どうせ通るけどな」

「例の『蓮門講社本祠』の跡地は、やっぱりあの辺りでしょうか」

「公共施設に仕舞ってあるような、古い地図までは調べてないからなあ。でも経石は埋まっていないだろうし、現在何が建っているのかは、さして重要じゃないな」

「ああ、見えてきた」

「向こうのラーメン店側から見ると、結構広いんだ。この公園」

石畳で整備された都市公園で、催し物を主眼にしているらしく、緑は少ない。

一旦、脇道に折れて敷地に入った。

「何か碑がありますね」

「ああ、杉《すぎ》田《た》久女《ひさじょ》の句碑だな」

植え込みの中の句碑に隣接して解説の案内板が整備されていたので、それを何の気なしに見る。

杉田久女（明治二十三年〜昭和二十一年）
本名ひさ。明治四十二年、福岡県立小倉中学校教諭杉田宇内《うない》と結婚し小倉に居住。大正五年より俳句を始め、（中略）昭和六年、日本新名勝俳句の帝国風景院賞の金賞に英彦山を詠んだ「谺して山ほととぎすほしいまゝ」、銀賞に「橡《とち》の実のつぶて颪《おろし》や豊前坊」が入選。

菅原さんが、ぎこちない感じでこちらを振り向いた。

「……つぶて颪《おろし》……って、ひょっとして」

「……つぶてが、降り注ぐってことだろうな」

「……それに、豊前坊って」

「英彦山の高住神社のことでもある。そこで橡《とち》の実が梢から沢山落ちてきた情景を詠んだというのが、常識的な解釈だろうな。だが、常識的じゃなく考えると、この場合、日本八大天狗の一人である豊前坊のことだろうな」

「じゃあ、まんま『天狗礫』なんじゃないですか」

碑に彫られている句は別のものだし、この解説板は新しいからそう直結して考えないほうがいいかもとは思ったが、しかしやはり強い曰く因縁は感じてしまう。

「杉富さんのところに飛んできていたのは、まさか……ここに来いっていうことじゃ？」

「そうかもしれない……な」

句碑自体は、確か昭和五十年頃にはあった気がするが……。

しかし、関連性に気が付いた者が現れる時点をターゲットに設定されていたのだったら、正にこの瞬間である。

この場所は、やはり杉富さんには避けてもらったほうがいいのかと考えている間に、

「来ましたー」と、杉富さんと連れ立った倉持さんが現れて、手を振りながら近づいてきた。

マレビト

「いやー、待っていました！」

菅原さんが脱兎の勢いで公園の敷地を飛び出して、二人に走り寄った。

そして、そのまま鍛治町方向へ誘導している。

相当怪訝《けげん》な顔をされているが、この際仕方がない。なかなか、ナイスな対応で少し見直した。

「少し遠回りだが、時間があるからこっち側から行こうか」と、助け船を出し、もはや有無を言わせず早足で歩いた。

「どうです。この白亜の殿堂。まるでバブル期の象徴ですね」

菅原さんは適当に周囲の解説をしている。……まあ、そのビルはガールズバーの殿堂で……後者は当たっているか。

あまり歓楽街そのものは歩いたことがないらしく、それなりに女子組は物珍しそうだ。

「あ、ショットバーがある」

そういうのも、あまり行ったことはないんだろうな、と思いながら中を見ると、ジョッキでハイボールを飲んでいる客と目が合った。

……何のことはない、雨宮君である。

ジョッキを持ったまま出てきて、

「え？　皆さんも下地を入れに来たんですか？」等と、とぼけたことを抜かした。

こっちの気も知らないで、何をいきなり飲んだくれているんだと怒鳴ってやりたかったが、そこは堪えた。

「ああ、いや、偶々だ」

喉が渇いているのか、女子組が入りたそうな様子だったので、

「一杯だけ入れておく……か？」

冷や汗なのか、青ざめて汗だくになっている菅原さんにそう言うと、

「そうですね」と、ようやくほっとした感じでそう答えた。


女子組は窓際のテーブル席に行ったので、男三人はカウンターに陣取り、先ほどの件をひそひそ声で情報共有した。

「なるほど。そういう絡繰《からく》りですか。……なかなかに面倒臭いことを」

「で、どう解釈する？」

「解釈も何も、時間も場所もゼロポイントなんだろうから、もう審神者候補がその辺をうろうろしていると考えるべきでしょうね」

「やっぱりそうですか」

「邂逅《かいこう》したらどうする？」

「うーん？」雨宮君は天井を見上げて考え込んだ。

「阻止をしないと、現象が次のステップに移って、何かが始まっちゃうんじゃないですかね」

「阻止すべきなんでしょうか？」と、菅原さん。

「それで杉富さんは、お役御免なんでしょう？」

「そうならいいけどな」

「まだ何か役目があるんでしょうか？」

「その審神者の託宣次第で、いいように使役されるんじゃないかな……。当面、その二人しかいない訳だし」

「そりゃあ酷い」

「最悪のことは考えておかないとな」

気が付いたら、手元のビールが空になっていた。

「じゃあ、焼き肉に行くか……」

そろそろ夕暮れ時となり、歓楽街は一層それらしさを増していた。マスクで武装した人々の行き交う中を、焼肉屋まで一団となって移動する。

「出口王仁三郎みたいなシュールな格好の奴は、今のところ見かけないな」

「まあ、個室に入ってしまえば一安心でしょう」

店に着き、受付を済ませ、予約していた個室へと案内された。その前に手指のアルコール消毒を促されるのには、ややうんざりする。

だがまあ、五人でロースターを囲むと、何だか和んだ。

メニュー表を全員がガン見し、菅原さんが取りまとめて、店員に注文した。

「この辺に森鴎外の旧居があるんですよね？」と、待っている間に杉富さんが口を開いた。

「さっきの通りの奥ですね。鴎外ストリートでしたっけ」

「鴎外もお好きなんですか？」と、倉持さん。

「高校生くらいのときは、色々読んでいたんですけどね」

鴎外関係での手持ちの話題は、鴎外は結構明治大正の心霊科学に興味を持っていたとか、怪奇的な題材にも挑戦していたとかで、何だか偏っているので口に出せずにいた。

そうこうするうちに、肉の載った皿が運ばれてきて、お決まりのタン塩からロースターへとトング二本で運ばれた。

取り敢えずの生で乾杯する。

「漱石も好きだったんですよ」

「へえ、吾輩は、とかですか」

「いいえ、何だったかな。夢を題材にしたのがあるでしょう」

「『夢十夜』ですか?」

「そうそう。あれって不気味で……何でだか何回も読み返したりして。随分印象に残って、そのまま夢に見たりしました」

漱石関係での手持ちの話題は、漱石は留学中英国の心霊主義に触れて、結構明治大正の心霊科学に興味を持っていたとか、怪奇的な題材にも挑戦していたとか、以下同文だ。

「夢か……そういえば例の夢って最近見た?」と、菅原さんに向けて雨宮君。

「え? ああ、例の座敷牢の夢ですか。いえ、全く見ませんね」

「こっちも見ないなあ」

「座敷牢の夢?」杉富さんは、興味を持ったようだった。

繰り返しそういう共通した夢を見るので菅原さんと知り合ったのだと、雨宮君が説明した。

「繰り返し見る夢ですか。……私もありますよ。子供の私が、藁葺きの家の前にぼんやり立っているんですけど、その前の田舎道を何か建物の部材みたいなものを積んだ荷車が延々と並んで、途切れなく進んでいくんです」

「え？」と、カルビを食べようとしていた倉持さんが噎《む》せそうになった。

「それ、私も見ます。人夫さん達が、だーれも喋らないんですよね」

「そうそう」

「そのうち夕暮れて、空が真っ赤になって行列が影絵みたいになるんですよ」

「そうそう」

「ええと」ずっと黙って聞いていたが、喋らざるを得なくなった。

「それ、俺も見るんだよな……」

「え？」

いつの間にか日本酒に切り替えていた雨宮君と菅原さんが、充血した眼でこちらを睨んだ。

「また、適当なことを言って女子の気を引こうとしているでしょう？」

「いやいや、これは子供のときから見るんだけど、何の風景かの目星は付いているんだ」

「意味が分かりません。夢でしょう？　記憶なんですか？」

「いや、実際には見ていないから記憶じゃない。夢だな」

「それじゃあ、何の光景なんですか？」

「私も興味があります」

夢のことなど平素あまり深く考えないのだが、

「今思ったのだが、この夢って、さっき話していた座敷牢の夢の一種なのかもしれないし、『残穢』の部材移築の原風景なのかもしれないな。いや、福岡県人の原風景か？」

「何、勿体付けているんですか」

「あの夢は、多分、倒壊した『犬鳴御別館』の部材を運んでいる光景だよ」

「え？　犬鳴？」

思わぬ名称が出てきたので、皆驚いたようだが、

「説明は長くなるし、まあ今日のところは勘弁してもらって肉を食いたい」と尻を端折った。

その後はアルコールが回って、別の話題で盛り上がった。

追加注文した肉もそろそろ終わりで、ハンドルキーパーの倉持さん以外は結構酒量も進んでいた。

下地も入っているので、ほぼできあがってしまいバッテリーならフル充電といった感じだった。

時計を見ると、二十時を回っていた。

お開きを宣言して、さて堺町公園を避けてどう帰ろうかと考えながら、支払いを済ませていると、

「雨宮さんがいませんね」と、菅原さんが言った。

どうせ、そこいら辺の居酒屋にでも遁走《とんそう》したのだろうから、それはどうでもよかったが、

「トイレに行ったはずの杉富さんがいないんです！」と、倉持さんが駆けてきたときには胃が引っ繰り返るかと思った。

「急いで探すんだ！」

「ど、どこをですか？」

「……堺町公園の方向だとしか思えないだろう？」

「うわー、行きたくねえ」

菅原さんは泣き言を言ったが、倉持さんから思いっきり睨まれて、諦めたようだった。

三人で小文字通り方向へ走り、舗道に出て、来たときと逆向きに公園を目指す。

公園手前のコンビニの横手で呼吸が苦しくなって、一息吐いた。もう年である。

「先に行って探し……」

そう言いかけたとき、自動ドアが開いて、両耳にピアスとイヤーカフを鈴なりにして、鼻と唇にもボディピアスを煌《きら》めかせた大男がのっそりと出てきた。

棘《とげ》だらけのバックルを付けたリーバイスにエンジニアブーツ、上は軍物のTシャツかと思ったら、フリーメイソンの象徴としてお馴染みの「真実の眼」がこちらを睨んだ。

「そこをどけ、ジジイ」

「はあっ？」

手元に手裏剣があったら顔面に叩き込んでやるところだが、今は喧嘩どころではないので、素直に道を空けた。

「ふん」

一瞥して、偉そうに肩を聳《そび》やかせて公園のほうに歩いていった。肩口には本物かどうか分からないが、黒っぽいタトゥーの一部が覗いている。

「大丈夫ですか？」

何かトラブったのかと思ったらしく、菅原さんと倉持さんが引き返してきた。

入れ違いに大男が肩口を捲ったのだが、そこには明らかに「三日月」の形をしたタトゥーがあった。

「……あ、あいつだ」

ここに来て、また「月」が現れる意味が分からなかったが、私は確信していた。

「え？」

「あいつが審神者だ」

「うわー、思っていたのと違う」

「不審にも程があるくらいの奴だろう、審神者って」

「あんなドズル中将みたいな奴、どうやって阻止するんですか」

男は公園の段差が設けられたステージ近くの円形ベンチに近寄って座ると、煙草を吸い始めた。

反対側にいた女子高生が、連れ立って席を立ち、奥にある別の円形ベンチへと逃げた。

「あ、あれって杉富さんじゃ？」

杉田久女の句碑の向こう側にある、例の白亜の殿堂ビルのほうから、杉富さんが歩いてきた。

我々はラーメン店の前側に移動する。

野外ステージを含めた公園の全体が見渡せた。

杉富さんは、きょろきょろとして落ち着かない様子だったが、真っ直ぐ杉田久女の句碑のほうへ歩いていく。句碑はステージの右奥にある。道側からはすぐだ。

そして、句碑の前で立ち止まると誰もいないところを見遣り、手振りもして何か話でもしている風だった。

「……何をやっているんでしょう？」

「何かいるんじゃないか？　あそこに」

「何かって、何？」

その様子を、ピアスの大男が眼の隅で捉えたようだった。

男は吸いかけの煙草を投げ捨てると、立ち上がって、明らかに杉富さんのほうへ向かおうとした。

「いかん、もう無理矢理かっ攫《さら》って逃げるぞ」

「うへえ、僕、荒事に向いてないんですが」

「急いで！」

……だが、そのとき、公園の公衆トイレの方向から何かが現れた。

「……何だありゃ？」

それは、緋色の生地に舞う鶴と金色の日月文様を散りばめた大振り袖付きの巨大な紋付きに、金地と黒の縞袴、中の小袖も金地に鶴で、背中からは羽根飾りも突きだしており、それはもう派手の国からド派手を広めに来たようなとんでもないものだった。頭には二色に染め分けられた巨大なリーゼントのウィッグを被っている。

その満艦飾の紋付き袴の人物は、これも金色の草履を煌めかせて、しずしずとステージの上を横切っていく。

突然現れたそれに、杉富さんは言葉も出ない様子で見入っている。大男もあんぐりと口を開けていた。

「あれって……」

「『みやび』の、成人式用の衣裳ですよね」

「あー、中身は雨宮君だ。やりやがった」

雨宮君は杉富さんに近づくと、

「あなたが待っていたのは、私です。これ以上の『マレビト』はもう来ませんよ」

「え……？　あ……？」

「いいですか？　私なんですよ」

「え？　あ？　はい、分かりました」

とか何とか、うまいことを言って、怪奇イベントを強制終了させてしまった。

「いや、ちょっと待て」

多分、ナンパでもする気で杉富さんに近づいてきていた大男が、目の前で全てかっ攫《さら》われたのでキレたのか、雨宮君に因縁を付け出した。

「ふざけた格好をしやがって、何《なん》かお前」

「何かちゃ何か」

「何かちゃ何かちゃ何か」

だが、その頃には二人のすぐ傍まで我々は近づいていたのだが、メンチを切る雨宮君の目は、尋常ではなかった。

人体のどこをどうしたらすぐ死ぬのか俺は知っている、すぐ殺してやる、嬉しいなあ、人が殺せるんだ、とかいった感じの虚無的な目の色だった。

「ちっ」

大男はメンチの切り合いに敗北して、元のベンチに戻っていった。

「へっ、ケツをワリやがって……」

雨宮君が正しい用法で、伝統的な言葉を使った。実に素晴らしい。

公園の多目的トイレで雨宮君が着替えている間、我々は衝立の壁を隔てた小文字通り側で並んで待っていた。

すぐ隣は福岡県警察堺町特別対策隊の拠点、「堺町安全・安心センター」なので、あの大男がまた絡んできたら、すぐここへ駆け込めば良い。

「あいつ、まだいますよ。何やってるんでしょうね」

「……自分でも、よく分かっていないんじゃないかな」

「向こう側にいる女子高生が心配ですね」

「一言、警察に言って帰ろうか」

菅原さんとそう話していると、杉富さんが思い出し笑いをしていた。

「あ、いえ、凄いものが来たんで。本当に途轍《とてつ》もない格好で……」

「超常現象よりも怪しい人類なんて、雨宮さんくらいしかいないでしょうね」

菅原さんが賞賛した。……多分、褒めているのだと思う。

「御感想は?」

「何というのか……すっきりしました」

「もう、『待つ』の気分じゃないってことですか?」と、倉持さん。

「ですね。……それに」

「それに?」

「句碑のところで待っているって、急に祖母の声が聞こえて向かったんですけど」

「ええ……」

「本当に祖母が立っていて、こう言ったんです。『マレビトに従いなさい。良い審神者は来ないようだ。今まで、すまなかった』って」

あのときの挙動がそうだったのかと思う。我々には見えなかったが。

「……マレビトか。……あの大男は、お祖母さんから見ても非推奨だったんだな」

「結局、今回の一件は、杉富さんのお祖母さんが色々やっていたんですかね？」

「巻き込まれていた可能性もあるから、何とも言えないな。神懸かった経験があるって話もあったので、ひょっとしたらその神の託宣の通りに動いていたのかもしれないし」

「マレビトって、折口信夫の民俗学に出てくるあれですよね」

「異界の住人や、普通でない性質を持つ人、異質な価値観や世界観を持つ人も指すな。……我々だって普通の価値観とは少し離れているから、マレビトには違いないのかも」

「では、皆さんに従います。私はこれからどうしたらいいのでしょうか？」

「杉富さんは」倉持さんが、半泣きになりながら言った。

「もう自由です。これからは、ずっと自由に生きて下さい」

そういう感動的なシーンが展開されていたが、その後もいつまで経っても雨宮君は現れない。

痺れを切らして衝立から覗き込むと、大きなリュックを背負った雨宮君が、険しい表情をして突っ立ち、公園のほうを見ていた。リュックの中には、あの衣裳が詰め込んであるのだろう。

「何をしてるんだ？　帰ろう」

「感じませんか？」

「何をだ？」

「このねっとりした空気感。私もあまり経験はないんですが……何かが起こっていますよ」

杉富さんのお祖母さんが、本格的に霊体にでもなって現れるのかと思って、雨宮君のところに向かう。

「どうしました？」と、勘付いたみんながぞろぞろと付いてきた。

句碑の周辺には変化がなかったので、公園のほうを見ると、大男のベンチの前辺りに女子高生が二人、アイドルグループの待機ポーズみたいな格好で並んで立った。

「おっ、踊るのか？」と、大男が勝手に喜んでいた。

するとまた女子高生が二人歩いてきて、その横に並び、舗道のほうから歓楽街への出勤途中といった風情の女性が、つかつかと歩いてきてセンターに立った。

白いワンピースを着ている。

「あああ」

雨宮君の顔色が変わった。

「ヤバいヤバいヤバい！」

「ここここ」

さすがに言葉が出ない。

「これはあれか犬鳴の」

「逃げ……」

「いやもう手遅れだ。あの真ん中の女が何かを指差したら、絶対それを見ろよ！」

白いワンピースの女は無表情に腕を巡らすと、斜め上方を指差した。

全員でそちらへ首を巡らす。

ビルの谷間に、少し欠けた月が赤みを帯びて浮かんでいた。

「月を見たか？」

「見たぞ」

「見ました」

「全員見たな」

「はい」

公園のほうに視線を戻すと、もう女子高生もワンピースの女性もバラバラの方向へ解散していた。

大男は尚も狐につままれたような表情で座っていたが、急に周囲を見回し、とうとうこちらに気が付いたようだった。

「お前らは、全員でグルになって俺を馬鹿にしているのか！」

と、喚いて怒り出したので、

「逃げよう！」と、我々は一目散に駆けて丁度青信号の横断歩道を渡った。

「警察には行かないんですか？」

「そこまでするのは可哀想な気がする」雨宮君が言った。

「あいつ、月のほうを見ていなかったし……」


菅原さんが、菅原神社に行こうと言うので、全員でそちらへ向かった。

「つまり、道真公の結界内ということか。避難先を確保して怨霊対策を考えていたんだな」

「まさか、本当に現れるとは思いませんよ……」

「宗像の怨霊は、今回無関係のはずだったんじゃ？」

「いや、犬鳴と同様のことが起こったということは、何か思わぬ落とし穴があったのかもしれない」

「結果的には、あの大男は審神者の最有力候補だったのが、雨宮さんと怨霊に排除されてしまったってことになりますよね」と、倉持さん。

「決勝戦で、杉富さんのお祖母さんにダメ出しされていたがな」

「ですけど、念を押したみたいに怨霊が出張ってきましたよね？　細かいこと抜きで、端っから審神者を排除する気だったような感じがします。怨霊は蓮門教を妨害しているのでは？」

「妨害してもらわないと、あの男が万が一審神者になっちゃったら、『ジーク・レンモン！』なんて言って、とんでもない宇宙世紀のニュータイプな宗教ができあがっちゃいそうです」

「ガンダムから離れろや」

暫く境内で休憩した。

倉持さんと杉富さんは、並んできちんと拝礼している。

雨宮君が拝殿の脇にある御神牛の像を撫でていたので、

「焼き肉を食った後で撫でても、諸病平癒なんてしてくれないんじゃないか？」と言うと、

「いや、この辺がうまそうだなあって」

と、道真公から雷撃を食らいそうなことを答えた。

その後、様子を見ていたが何事もなく、解散となった。

「今日は、本当にありがとうございました」

別れ際に、杉富さんが皆に最敬礼して挨拶をした。

「怖くて、楽しくて、面白かったです。一生忘れません」

にっこりと笑った表情は生き生きとしていて、本当に憑き物が落ちたように見えた。

犬鳴御別館

さすがにその日は本当に疲れたし、各人がまたリモート会議をやる気力を取り戻すのに丸五日掛かった。

週末の夜の二十時過ぎからぽつぽつと会議室への出入りが始まり、適当なところで以後「堺町公園事件」として語られる怪奇事件の総括が始まった。

「色々考えてみたけど、最初に杉富さんのお祖母さんに神懸かったというものの正体というのはこれから先も分からないと思う。本命・島村みつ、対抗・柳田市兵衛、大穴・謎の御神体っていったところかな」と雨宮君。

「競馬から離れろや」

「まあ、誰も注目していないところが、往々にしてハナを切るのは同じかもしれないですよ」

「蓮門教にシンパシーを持っていた市井の人物が、悪霊になって祟ったのかもしれませんしね。それなら、もうどこの誰かも分からない」

倉持さんが珍しくビールを飲んでいたので、

「今日はワインじゃないの？」と訊くと、

「杉富さんから頂いたんです」

「へえ。彼女、その後どう？」

「何というのか、急に綺麗になって、婚活に燃えていました」

「えらい変わり様だな。お呪《まじな》いが効きすぎたのかな？」と、雨宮君。

「と、すると、まさか刷り込み現象が起きて、目の前に現れた俺に……？」

「それはないです」と、倉持さんは手をひらひらさせて、

「いい結婚相談所を探してましたし、今頃スマホで婚活サイトでも見ていますよ」

「刷り込んだのは、倉持さんですしね」ニヤニヤしながら菅原さんが言った。

「そういえば、あのときの衣裳って、わざわざ借りてきたんですか？　結構お高いのでは？」

実はよくできているが、あれは数年前にイベント用に職場で作った廉価生地の衣裳だったのだそうだ。有志による手作り品だとのこと。

「病院内の演芸会とか、まあ忘年会用だな。でも、今はもう両方とも廃れちゃって、コロナで止《とど》めを刺された感じだ。だから、うまい使い道があって良かったんじゃないかな」

「衣裳を見られないように、単独行動をしていたんだな」

「ああいうことが起こるって、見越していたんですか？」

「いや、審神者がもし現れたら、その上を行ってやれば何とかなるかもと思っただけだなあ。どうせ、大本教の逸話をなぞっているだけだから、変な格好の奴が現れる訳だろ」

焼肉屋の近くにある、よく使うビジネスホテルのフロントに、衣裳を預けていたのだそうだ。

「確かに、何とかなっちゃいましたね」

「その辺は見事だった。……まあ、しかし、そのイベントは元々怨霊に阻止される運命だったようだが」

「そこなんですよね」皆が考え込む。

「何でそんなことになっているのかが分からない」

「あれって、審神者じゃなくて私達に向けてやった訳じゃないんですか？」

「なら、焼肉屋に乱入したほうがいい。月なんか絶対見えんぞ」

「月がないとやれないとか？」

「やろうと思えば、菅原神社に行く途中とか、幾らでも他でやれたはずですよね」

その後も他の可能性について議論したが、やはり結論は出なかった。

「考えてみると、あれだけ栄華を誇った蓮門教が今や影も形もないというのは、それこそ怨霊の祟りなのかもしれないなあ」

「まあ確かに」

「何か蓮門教は、怨霊に祟られるようなことをやらかしたんですかね？」

「何だろう？」

「明治の頃って、宗像辺りはどうなっていたんでしょうか」

「さて？　大きな事件というと明治三十八年の日本海海戦くらいかな？」

「菱井説によると、あれも怨霊の祟りで全滅したんだそうだ。バルチック艦隊」

「それは凄いですね」と倉持さん。

「帝政ロシアもなくなっちゃいましたしね」

「その後、大日本帝国もなくなっちゃった訳だけどな」

話が脱線してきたので、何か適当な話題がないかを訊ねた。

「あ、そうそう。あの焼肉屋で夢の話をしていたじゃないですか」

「共有夢ですね」

「共有までいくかというと疑問だな。多分、よく似ているけど微妙に違う夢なんじゃないか。僕と菅原さんの例の夢も、文章に起こすと大分違うし」と、雨宮君。

「夢分析だと夢は無意識からのメッセージということになりますから、無論個人差はあります。ただ、共通した問題を抱えていると、似たような夢を見ることが起こりえるかもしれません」

「共通した問題ねえ……。……婚活？」

倉持さんはドキリとした様子だったが、私はもはや関係ない。

「鳥籠の座敷牢の夢は頭髪問題じゃないのか？」と、言ってやろうかと思ったが、可哀想だからやめておいた。

「そういえば、座敷牢の夢の一種だとか、気になることを仰ってましたねえ」

「『犬鳴御別館』って、今は石垣だけになっている福岡藩の逃げ城でしょう？　確か犬鳴のダム湖の奥にある」

「……まあ、順序立てて話すとだな」

こうして、犬鳴に建設された「犬鳴御別館」の長い話になった。

幕末、筑前国福岡藩十一代藩主、黒田斉溥《くろだなりひろ》はシーボルトとも面識があり、蘭癖大名と言われるほど軍事や世界情勢に詳しい人物であった。

洋式の兵制を取り入れて有事に備えたかったのだが、藩士は総じてこれに反対。藩内の尊皇攘夷派もこれに関しては同じだった。

この辺りは、佐幕派の小倉藩も同様で、そのためこの二藩は近代化の流れに大きく乗り遅れ、ひいては明治維新後にも影響を残すことになる。

福岡藩中老、加藤司書《かとうししょ》は尊皇攘夷派の中心人物だったが、福岡城が海の傍にあり外国船からの砲撃を受けやすいために、藩主の避難所の建設を献案、斉溥も同意する。

このため、建設地を犬鳴谷村近辺の山間に定め、元治元年（一八六四年）五月から建設が開始された。


「しかし、何で犬鳴なんですかね？」と、雨宮君。

「他にも候補地は、ありそうだけど」

「一七六五年に、福岡藩は犬鳴山を全山『御仕立山』にしている。つまり、博多の町への燃料……樫炭とか薪の供給基地にしたんだ。藩の直轄管理だから……」

「秘密が漏れにくいんだな」

「そういうことだ。それと、福岡城から直線距離では十五キロ足らずなんだよ。また、加藤司書は燃料が豊富なことに目を付けて、ここにたたら製鉄所を作っている。……ちょっと話が逸れるが」

「何です？」

「燃料はあるんだが、鉄の原料は、これが昔ながらの浜砂鉄なんだな。『怨霊黙示録』で芦屋の鋳物が衰退したことを書いていたが」

「ああ、怨霊封じの平釜を作った祟りでしたね」

「その鋳物が作れなくなった原因が、たたら製鉄に使うための浜砂鉄の濫掘にあるんじゃないかと思うんだよ。福岡藩には、九州北部の海岸でしか、それは手に入らないからな」

「……なるほど。……随分迂回しているけど祟ってますね」


元治元年十二月、第一次長州征討後の長州藩で高杉晋作が奇兵隊を率いて決起。翌年三月までに藩論を「武備恭順」に統一させる。


「武備恭順って何ですか？」と、倉持さん。

「幕府に対して、一応言うことは聞くけど、いざとなったら戦いますよということだな」

「全然、恭順していませんね」


幕府側は、さすがに態度を硬化。この際、第一次長州征討のときに周旋活動をしていた福岡藩にも嫌疑の目が向けられる。

倒幕に傾いていた福岡藩内の過激派は、黒田斉溥と鋭く対立。時を同じくして、長州での周旋活動を評価された加藤司書が老中に抜擢《ばってき》される。大老の黒田播磨（加藤の義兄）の意であり、藩主の反対を押し切ったものであった。

この黒田播磨も、尊皇攘夷派に近しい人物であった。

「ここで、討幕派が藩論を整え、長州とか薩摩と合流していたら明治維新も、また違ったものになったんだろうけどな」

「どうなったんですか？」

「斉溥は、幕藩体制は維持しながら開国して近代化していこうという考えの人なんだが、加藤司書の建白書を見てキレたらしい。そこには開国も近代化も拒否し、福岡藩一国だけでも尊皇攘夷を押し通すべきだと書かれてあった」

「もはや、どちらが正しいのやら……」

「もう、年号が変わっているな。この年、慶応元年五月に加藤司書は罷免される。過激派、筑前勤王党が市中の治安を悪化させていたので、斉溥は勅書を発して勤王党の一斉断罪を命じる。勤王党百四十名余りが捕らえられ監禁。加藤司書ら七名が切腹、十四名が斬首になった。世に言う『乙丑《いっちゅう》の獄』だな。だが、加藤の作っていた『犬鳴御別館』は、その後も工事は継続された」

「まあ、いずれにしろ必要ですからね」

「だが……この『犬鳴御別館』に疑惑があることが密告されていて『乙丑の獄』の苛烈な処断の一因になっているんだ。ここは実は藩主の斉溥を閉じ込めておくための施設、謂わば巨大な座敷牢であり、加藤らは斉溥の世子、慶賛《よしすけ》を擁立するクーデターを計画していたというんだな。これが勤王派の日頃の行いから、なかなか説得力があった訳だ。慶賛は長州藩に強く理解を示すような感じの人だった」

「計画は、本当だったんですか？」

「分からん。この政変で福岡藩では尊皇攘夷派の人材が払底してしまうんだが、御存じの通りその後は大政奉還、明治維新の流れだ。明治に入ってからは、福岡藩にも勤王派がいたんだ、こんな立派な人物だったということをアピールする必要があった。そんな訳で、加藤らは正義の人、『犬鳴御別館』が座敷牢だというのは完全な濡れ衣だったということになっているな」

「実際のところは？」

「最近、間取りの絵図面が発見されて模型も作られたんだが、さすがに牢屋はないが、どうとでも取れる作りだな。守りが堅いということは外に出にくい訳だから」

「クーデター説が本当なら、規模から言って、キング・オブ・座敷牢ですね」

「英国辺りなら誰それを幽閉した塔なんて、観光名所になるんですけどね」

「黒田家家譜によると、慶応元年十一月十一日に御別館完成とある。だが、ここは慶賛改めの黒田長知が初代福岡知藩事になってから一度訪れたきり、その後はずっと放置されてしまっている。黒田家では維持管理がもうできなかったんだな。そして、明治十七年の暴風雨で犬鳴御別館は倒壊してしまうんだ」

「そこでようやく、あの夢に繋がるんですか」

「実際、うまい具合に倒壊したのか、部材を取りに沢山の人が来たらしい。久山側の寺や民家でそれが使われているのが発見されているが、大きな柱や桁などもあっただろうが、どこに消えたのか誰にも分からない」

　雨宮君は、腕組みをして何か考え込んでいたが、

「つまり……長い間、ああいう山の中で、大きな館が放置されていた訳ですよね」

「だな」

「仮に、すぐ傍の犬鳴山に、元は大きな館で暮らしていた身分の高い怨霊のAさんがいたとします。『あら、丁度いい館があるわ。誰もいないし、ちょっと使わせてもらいましょうよ』って、ならないですかねえ？」

「……なりそうだな」

「じゃあ、怨霊の巣窟になっていたんですか」

「かもしれないってだけだが、もしそうなら幽霊屋敷のキング・オブ・キングスだな。でもまあ、自然の暴風雨には勝てなかったって訳か」

倉持さんがずっと黙っていて、何だか顔色が青ざめているので、

「どうしたの？　慣れないビールで悪酔いした？」

「……さっき」

「え？」

「さっき、倒壊したのが明治十七年って仰いましたよね？」

「言ったよ？」

「蓮門教の『蓮門講社本祠』が建ったのが丁度その頃では？」

「あっ！」

慌てて資料を取ろうとした指が震えた。

「では……まさか？」

「指月館の写真を見ても、とんでもない量の木材ですよ。築造に当たって掻き集めたとしたら……」

「明治十七年の『蓮門講社本祠』が、いきなりそういう巨大な建物だったのかは分からないんだ。例の『蓮門妙法塔』がそこの庭に建ったのが明治二十二年。東京芝区の大教堂完成が明治二十一年……。多分、十七年から二十年までの間くらいが建設期間だな」

「怨霊の巣くった『犬鳴御別館』の部材がもし流用されていたとしたら、飛びっきりの『残穢』じゃないですか。そりゃあ、祟られますよ」

「それで、何となく宗像怨霊譚と結びついていたのか……」

まだまだ、もやもやしたものは残っていたが、根本的なところの謎が解けたところで、その晩はお開きとなった。


それからまた何日かして、「無駄話ですが」と断りがあって、雨宮君がリモート会議室に繋いできた。

「例の『犬鳴御別館』の部材ですが、明治期だから炭鉱の坑道の柱とかそんなのにも使われたんじゃないですかねえ」

「全然確証はないけれど、まあ、あり得るような気はするな」

「それで事故って死んで怨霊化という流れで、祟られた炭鉱主も怨霊化。……どうも『残穢』のビギニングが、頭に浮かんでしまって仕方ないんですよ」

「……その方式なら、その調子でどこまでも連鎖してしまうなあ。けれど、旧福岡藩士から炭鉱開発に転身した例が結構あるから、どうも一笑に付せないところがあるな。勤王党の祟りだったりして……」

「そうなんですか」

「小倉藩も同様で、こちらは例の第二次長州征討で大負けして、香春《かわら》藩、豊津《とよつ》藩と縮小していくんだが、実は早くから炭鉱を経営していた。……と言っても、武士の商法の炭鉱版で、大した稼ぎにはなっていなかったようだ。もっとも、面白い話もあって、例の貝島太助が一番最初に勤めたのが、明治期になっても残っていたこの旧小倉藩士の経営する炭鉱だったんだな」

「何となく働きにくそうですね」

「相当懲り懲りしたようで、これからはもっと抗夫の働きやすい炭鉱が必要なんだと決心したらしい。炭鉱王になったモチベーションの源泉が、そういう経験だったとしたら、何が幸いになるのか分からないな」

「炭鉱王に俺はなる、って思ったのかな」

「それはそうと、何か新しい怪談の取材とかしていないのか？」

「コロナですからねえ。なかなか動き回れませんよ、……ああ、そういえば、ＤＶＤで映画の『残穢』を見直したんですが、帯の垂れるシーンで、随分前に聞いた話を思い出しました」

「帯？」

「博多の那珂《なか》川の河口の辺りで釣りができるんだそうですが、話をしてくれた人がアジを狙って夜に行ったんだそうです。九月頃ですね」

……一人での夜釣りだが、その日はあまり同好の士がおらず、結構自由に場所を選べた。そして、悩んだ末に北側の一角で荷物を下ろして用意を始めた。護岸にはアルミ製の転落防止柵が張り巡らしてあり、その上から竿を投げることになる。

柵が結構高さがあるので、その下の辺りがどうなっているのか気になって、一度覗いてみたのだそうだ。

すると、博多の街明かりに照らされて、髪の長い女性が二人抱き合っているのが見えた。

その堤防状の場所の下には、それを取り巻くように一段張り出した部分があって、狭いその上に立っているらしい。二人の足元には波消しの岩が並べてあり、ぴちゃぴちゃと細波が洗っていた。

一瞬、同性同士の濡れ場を覗いてしまったと思ったのだが、どうも様子がおかしい。

二人とも和装なのが遅れて分かり、その帯を解いてお互いの身体に何重にも巻き付けてあるのが見えてしまった。

髪も束髪が崩れたような感じで、暗い中をよくよく見遣ると全身びしょ濡れなのではないかと思えた。

女の一人が気づいて、上を見ながらにやりと笑った。腕を上げたが、袂はそのままで重そうに垂れ、白い二の腕が中から現れた。

袂に……石でも詰めているのではないかと思えた。

「何をやっているんだ？」と声を掛けようとしたが、その直前で、二人の両袖が全部垂れ下がっており、ああやって動いてはいるが、まるっきり水死体……心中死体の様ではないかと気づいた。

帯の絡みついた二つの人影は、そう思うと酷く禍々しいように思えた。

「お、お前達は……」から言葉が出ず、そのまま後じさる。ようやく二、三メートル離れたとき、

「見なかったことにして下さい」と声がして、

「……分かった」と言うと、柵の下側はシンとした。

勇気を奮って、すぐにまた覗いてみると、通路などないのにもう誰もいなかったのだぞ

うだ。

「……いや、誰かそこにいて、本当に心中しようとしていたんじゃないだろうな？」

「そういう水死体は上がっていないです。……けれど、これは結構調べたんですが、明治天皇の崩御のときに、そういう心中事件が那珂川河口で、本当にあったそうなんですよ。死体はその翌日に見つかったんですが」

「え？ 殉死なのか？」

「分からないんです。それにどうも心中した時点では、まだ天皇は生きていた可能性があるんですよ」

「じゃあ、同性愛で悩んだ果て？」

「菱井さんの喜びそうな情報としては、十九歳と十六歳だったらしいですね」

「何で喜ぶんだよ」

「いや、何となく。……けれど、関係者の証言ではそれも否定的なんですよね」

「じゃあ、動機は何なんだ？」

「うーん？ あとは天皇の寿命を延ばそうとして、身代わりに死んでみたという説が」

「うーん？ だが、明治人のメンタリティだと、あり得ないとは言えないな」

そうなのだ。明治人のメンタリティ、精神世界は我々とは大凡《おおよそ》違っているのではないか。すぐそこに迷信、俗信、という長らく続いた非科学的な世界があり、ようやく新しい文明と知識が前者と共存し始めた世界なのだ。

我々の常識を当てはめて考えると理解が難しい。どういう考えを持っていたのかよくよく考えないと、きっと頓珍漢なことになってしまうことだろう。

そう考えると、最後の説が私には当たっているように思えてきた。

明治人よりももっと前となると、きっと想像を絶しているのかもしれない。

翌日、また同じ時刻に会議のお誘いがあった。今度は倉持さんである。

「今晩は」

「今晩は。何か用事?」

「用事というほどではないんですが、皆さんの影響なのか変な話を聞き込むようになってしまって」

「怪談を拾った?」

「そうですね。妹から聞いたんですけど」

「妹がいるの？」

「ええ。うちは三姉妹なんです。私が長女で、下は十九歳と十六歳です」

十九歳と十六歳？　何だか最近聞いたようなフレーズだ。

「一番下の妹なんですけど、実家に行ったら猛烈に何か話したそうな様子で寄ってきてですね。『残穢』って知っているかって言うんですよ」

「ふむ？」私はうつむいて、こめかみを揉んだ。

「まさか、帯の話じゃないだろうな？」

「……何で分かったんですか？」

「……いや、続けてくれ」

「妹には仲の良い高校の同級生がいるんですけど、その子がＤＶＤで『残穢』を見た後、時々誰もいない部屋から、例の『畳を擦る音』が聞こえるようになったって言うんだそうです」

「映画に影響を受けた思い込みでは？」

「私もそう言ったんですけど、それこそ映画みたいに一度、帯が部屋の奥にシュルシュルって引っ込むのを目撃したって言い張るんだそうです。そして、それが妹の帯のようだったたって言うんですね。二人は去年、同じ店で浴衣を作ったんですが、帯とか小物も一緒に買い物に行っていて、よく覚えていたんだそうです」

「なるほど」

それで、妹さんに自分の帯の所在を確認したいが、怖くて一人では探すのは嫌だ。一緒に来てほしいと頼まれた。

実家の奥まったところに桐の箪笥の並べられた部屋があって、和服の類は全部そこに納めてあるのだそうだ。

倉持さんは、ハナっから思い込みだと思い込んでいたので、さっさと済まそうと引き出しを次々と開けていった。

それはすぐに見つかった。ピンクの地に揚羽蝶《あげはちょう》の文様の小袋帯で、クリーニングのタグが付いたまま、ちゃんと浴衣とセットで収納されてあった。

「あるじゃない」

「……だよね」

妹は安心したようで、それは良かったのだが、何日かしてSNSで連絡があり、友人が帯が生き物のように絡みついてくる夢ばっかり見て困っている。自分も気になるので、二人の帯を預かってくれないか、とのことだった。

困ったものだと思いながら、また実家に行ってそれを預かり、そのまま自宅のクローゼットに放り込んでおいた。

「で、昨日、クローゼットを開けたら、こんな感じなんですよ」

スマホの写真が映されたが、二本の帯の端っこが縺れるように巻き付いて、大きな結び目ができている様子が、そこにあった。

「何なんでしょう、これ？」

「あー、……つまり」この程度ではびくともしない倉持さんの胆力に感心しながら、

「……相思相愛なんじゃないか、それ？」

と、正直に申し上げた。

神湊《こうのみなと》

この「帯の怪談・二題」を菅原さんに聞かせると、かなり面白がっていた。

「なかなか、奇天烈な怪談を見つける才能がありますよね、倉持さん。雨宮さんより引きが強いんでは？」

「全くだ」

「怪談ネタが増えてくればいいですね。そうだ。今、ネットでは怪談会が流行っているみたいですけど、我々もやってみませんか？」

「それって……絶対、百話目に怨霊が出るだろ」

「ああ、それがあるから全然怪談会形式でリモートをやらないんですか」

「まあ、そうだな」

「でも、どのみち怪を語る所に怪は寄るって言いますよ」

「……それは強く実感しているよ」

だが、わざわざ呼び込むのはどうなのか？　そんなこんなで、雨宮君もだが一時に怖い話を積み上げるような行為はあまり好きじゃないのだった。

「雨宮さんが、若くて口が達者だったら『怪談王に俺はなる』って思うのかな？」

「……借金王になっちゃいそうだが」

二人で笑っていると、それを見越したように会議室に雨宮君が繋いできた。

「コロナの第二波が来る前に、何か美味いものでも食いに行きません？」

「そうだな」

「肉の次は魚かな」

「神湊の魚が美味かったけどな」

「宗像ですか。……まあ、もはやどこに行っても同じ気がしますけどね」

「じゃあ、それで」

ということで、天気のいい金曜日を選んで菅原さんのランドクルーザーに乗り合わせ、三人で向かった。

神湊は玄界灘での近海漁業の基地となっていて、伝統的な漁師町である。宗像大社の中津宮のある大島に渡るには、ここから定期船に乗ることになる。四九五号線を使うのだが、時々外れてなるべく海沿いを走った。引き籠もり生活が長かったので、海原と青空に心が癒やされる。

夏めいた日差しにマスク姿なのがやれやれだが、最初に神湊港に寄ってみた。

フェリー乗り場の周辺で、停車できるところを探してうろうろする。細い道の前に出て、

「そっちは行き止まりだぞ。草崎半島の突端は回れないんだ」

「そうなんですか」

「断崖になっている。下は岩場で良い釣り場になっているが、引き潮のときに歩けるくらいかな」

「でも、確かそこの海水って、ダイエット効果があるんだよな」と、雨宮君がかなり歪んだ知識を披露した。仕方なく修正する。

「正確に言うと、神功皇后が三韓征伐の折に懐妊して……要するに太ったんだな。それで鎧が入らなくて困っていたが、草崎半島の突端で潔斎《けっさい》を行ったら、瞬く間に肉が落ちて着けることができたんだ」

「本当なら欲しいですな」

最近、でっぷりしてきた腹を叩いて、雨宮君がそう言う。

「草崎だけど、ここにも宗像氏の支城があったんだ。それと、沖に見える勝島にもあった」

「じゃあ軍港だった訳だ」

「というか、モロに菊姫の巡廻先のような気が」

「こんな天気のいい日に出てくるのかねえ……」

そうこうするうちに、予約をしておいた食堂に着いた。店の外側に「イカの活き造り」の幟《のぼり》がずらりと立っている。

「イカは外せないですよね」

「刺身だ刺身。久しぶりだなあ」

入店して、テーブルで寛いでいると、間もなくこれでもかと料理が運ばれてきた。

「今日はウニもお勧めですよ」と女将らしい人が言った。

「ウニも外せないいな」

イカ刺しにウニを絡めて食べると、新鮮なこともあって絶品過ぎた。

「これは冷酒でしょう」

「外せないいな」

菅原さんが渋い顔をして、

「こうなると思っていましたよ。……まあ、いいや、思う存分飲んで下さいな」

ここから先は、後で聞いた話になる。

料理は食い尽くして、残った酒を消費している時分に、

「あ、車にスマホを忘れた」と雨宮君が言い出し、気になるから取ってきます、と言って、店の外に出て行った。

車寄せの部分は中から見えなかったのだが、雨宮君が車に近寄って菅原さんに借りたリモコンキーでドアを開けていると、

「もしもし、すみません」と、隣に駐車したマツダのロードスターから声が掛かった。

運転席に一人しかいなかったのだが、女性で、オープンカーに相応しくないつばの広い帽子を被っている。顔の上半分が、よく見えなかった。

所謂UVカットの帽子か、と思いながら、

「はい？　何でしょう？」と返事をすると、

「御神水、お分けしましょうか？」と言って口元が微笑んだ。

「御神水？」突然、聞き飽きるまで議論したフレーズを投げかけられて驚く。

「草崎の突端の海水です」

そう言って、やけに冷えたペットボトルを投げてよこした。

「では」

エンジンセルが回って、車が動き出した。

「いや、あなたは誰なんです？」

そう言うと、女はにっこり笑って車道に出る前に振り向いて言った。

「マツコ、と呼ばれています」

「えらいもんが出た」

酔いが吹っ飛んだ顔色で雨宮君が帰ってきた。

「え？　菊姫が出たのか？」

「……マツコが出ました」

さっぱり意味が分からなかったので、聞き質《ただ》すと件のごとしである。

「え？　どういうことでしょう？」

「……何となくだが、本命なんじゃないか」

「何の？」

「審神者を待つ者だ。杉富さんも、お祖母さんから『マツコ』って命名されかけたんだろ」

「それじゃあ、同時並行で例のイベントが進行しているってことですか？」

「しかも、御神水がどうたらと、これをよこしやがった。マツコって呼ばれているって言っていたから、まだ審神者とは出会ってはいないんだろう。けれど、御神水を持ち出すってことは、もうこれは確信犯だろうな」

「……まあ、犯罪じゃないけれど、信念と積極性を感じるな」

「何の信念です？」

「蓮門教の復興だろう」

「うひゃー」

「もうこれは、どうしようもないな。……というか、もはや我々には手に負えないし関係ない。関係ないことにしないといけない」

「けれど、そうなると、審神者が現れたら、また怨霊が邪魔しに来るのでは？」

「ああ、そうなるのか。けれど……それはそれで面白いけどな」

「確かに」

「何が起こるのやら……」

我々は食堂の片隅で、三匹の悪鬼のようにほくそ笑んだ。


そういう訳で、裏側で何が起こっているのか誰にも分からないこの日常世界。

まだまだ続くコロナ禍の中、皆様の御無事をお祈りしつつ、今回はここまでと致したく思います。

解説

雨宮淳司

今回は、シンプルに本編の補遺と解説のみです。

【ファフロツキーズ】


オーパーツ（OOPARTS）の命名者でもある超常現象研究家アイヴァン・サンダーソンが「空からの落下物」という意味で名付けた。

「falls from the skies」の略で、「fafrotskies」という訳だが、これを紹介した某氏が「ファフロットスカイズ」と読むべきところを、思いっきり間違えたという話がある。

……話があるが、しかし、「ファフロツキーズ」のほうが断然怪しげなので、こちらのほうがオカルトファンには愛されている訳である。

ちなみに「ファフロッキーズ」ではなく「ファフロツキーズ」のほうが正しいらしい。

……「ツキ」が入っているのが、菱井さんの芸の細かいところです。

【天狗礫】

解説は本編にある通り。

「狗」が入っているのが芸の……。

だが、狗の字が入っているのには理由があるのではないか、そもそもの天狗の原形は何かの「獣」のことではないかという真面目な説もある。

【八幡空襲】

この八幡空襲に関しては色々な話が残っている。被害の甚大さもあるが、北九州市民なら忘れてはならない戦禍の一つであろう。

筆者が一番驚いた話を、竹書房文庫『恐怖箱 十三』所載の「黒髑髏」というエピソードに纏めているので、よかったら読んでみて下さい。

【セイウンミツコ】

黒鹿毛の牝馬。父・ベーカバド、母・ニシノメルモ。母の父・スペシャルウィーク。

馬齢は今年で六歳。

令和二年冒頭の小倉開催で、二回三着に来てからは、さっぱり連に絡まなくなった。

令和三年一月の小倉開催で芝の千二百に出場。勇んで買ってきたが十八頭立てで十八着だった。

……本当に「ツキ」が落ちたらしい。


【本木の化け物】

前著『修羅ノ国 北九州怪談行』に詳しい。

今は福津市内になるが、江戸時代末の宗像郡本木村で、庄屋の妻が若衆や山伏に化身した何者かに床下に引き込まれ、夜な夜な乱暴される。

村では獣のような奇怪な嬰児《えいじ》が生まれ始め、村人はこの謎の存在を追い、それが何とも奇怪なケダモノであることを知る。

……という、どう考えても『犬鳴村』後半パートのスターになれた存在。

次回作には出しましょうよ。

【金目教】

横山光輝作の忍者漫画を映像化したテレビ番組「仮面の忍者　赤影」の第一部に登場する邪教。特撮を使った破天荒な物語は、当時の子供達の熱烈な支持を受けた。

金目教を布教していたのは、怪優、天津敏《あまつびん》演ずるところの甲賀幻妖斎。七使徒代わりに霞谷《かすみだに》七人衆という、甲賀忍軍を従える。

御神体は巨大な「金目像」であるが、これが操縦席付きの巨大ロボットだという自由奔放さであった。

「豊臣秀吉がまだ木下藤吉郎だった頃、琵琶湖の南に『金目教』という怪しい宗教が流行っていた……」というのは、第一部のアバンタイトルである。


【ジョイマン】

吉本興業所属のお笑いコンビ。背の高いほうは高木晋哉《たかぎしんや》氏。「ナナナナー、ナナナナー」の脱力ラップネタが有名。

「ナナナナー」で「七つ」の何かを暗示するところが……（考え過ぎか?）。

【長南年恵】

文久三年十二月月六日（一八六三年）現在の山形県鶴岡市に生まれる。

酒井藩士の娘であったが、二十歳頃までの生活歴は不明。家事手伝いと思われる。

弟の長南雄吉が、二十歳頃からの年恵の起こした超常現象を記録していた。

身辺に神や仏が顕現し、舞を舞ったり、色々普通に会話をする。風呂に入らなくても、着物は清潔で良い匂いがし、排泄もしないし、殆ど食事もしない。

密封した一升瓶の中に神水を湧出させ、これが万病に効いたという。

この神水が問題となり、明治二十八年から再三詐欺行為を行ったとして逮捕・拘留されている。

しかし、明治三十三年、神戸地方裁判所で証拠不十分で無罪となり、更には弁護士や裁判官の前で湧水の実演まで行っている。

明治四十年に、数え四十五歳で死去。

ちなみに、倉持さんの読んだという伝記漫画は『微笑別冊　超能力者列伝　長南年恵の生涯』だと思われる。

昭和五十九年刊で、作画は『エースをねらえ！』の山本鈴美香氏。この時期は、とある宗教の巫女さんだったようで、後に教祖というのか、教団代表になられている。

史上初の長南年恵からの霊験を受けた「自動書記漫画」だったらしいのだが、読んでみたいような……読みたくないような。

【小倉郷土会】

昭和八年に、小倉堺町に曽田共助氏が耳鼻咽喉科の医院を開業したが、同時期に曽田氏を慕う有志によって同会が発足。

柳田國雄、吉井勇、火野葦平、岩下俊作、劉寒吉、横山白紅、杉田久女、橋本多佳子、阿南哲郎といった面々が出入りするサロン的存在だった。実業家、政治家、法律家、教職、宗教家、俳句や短歌の同人、芸能人に至るまで多彩な人々が集まり、いつしか森鴎外関連遺構の保存、郷土史研究書の発行等、文化的活動が始まった。

曽田氏は昭和三十八年に七十八歳で亡くなっているが、活動は現在も受け継がれている（曽田新太郎氏の文章を元にしています）。

出典　http://kokura-kanrakugai.com/2018/06/14/%E7%AC%AC1%E5%9B%9E%E3%80%80%E6%9B%BD%E7%94%B0%E3%80%80%E5%85%B1%E5%8A%A9%E3%81%95%E3%82

%93%E3%81%AE%E4%BA%8B/

【ガンメルダンスク】

コペンハーゲンのダニスコ社が作っているビターリキュール。二十九種類ものハーブやスパイスを使っている。

ガンメルダンスクとは、「古くからのデンマーク」という意味だが、そのデンマークには、やたらと幽霊の出る城やホテルが存在する。ドラショルム城なんかは、幽霊の出る城をわざわざホテルに改装したという凄いところで、「灰色の女性」「白い女性」「ボースウェル伯爵」といった定番幽霊が三人もいる。

そういう隠れた心霊大国の生んだお酒、今宵のお供にいかがでしょうか。

……不味いですが。

……色々試したんだけど、やっぱり冷たいビールと交互に飲むのが一番のようです。

……ビールが美味いのなんの。

【百合野山荘】

概要は本編にある通り。

現在の所有者は、貝島化学工業社長・貝島義朗氏。

こちらのサイトで間取り図と、俯瞰《ふかん》動画が御覧になれます。

http://fujiaki.mbsrv.net/kaijimasansou.html

【ひろば 北九州】

北九州市芸術文化振興財団が、三十五年間に亘って発行した月刊誌。

平成二十五年三月号を以て廃刊となった。

本編にある蓮門教に関する文章は、米津三郎氏によるもの。

氏は平成六年二月二十七日に亡くなっているが、北九州の郷土史関連では比類ない程の著名な研究者であった。

正に巨人で、その著書は数十冊に及ぶ。

筆者の勤めていた業界の関連では、九州の酸素業界で長年尽力され、現在のようなスムーズな供給を行えるようにした人物だと記憶する。

小倉郷土会会員。

【指月館】

「蓮門講社本祠」の建物は、教団の手を離れてからは兵舎として利用されたりしたが、本編中にあるように料亭としても有名だったらしい。

赤瓦で葺かれた大屋根は大変目立ち、長い間堺町周辺は、地名代わりに「アカガワラ」と呼ばれていた。

写真は、こちらのサイトにあったのでそれを紹介します。（記号 KKM049 と KKM050）

https://www.asocie.jp/archives/fukuoka/kitakyusyu/kokura/index.html

【待つ】


太宰治の短編。四百字詰め原稿用紙五枚程度で、非常に短い。

語り手の女性が毎日駅に行って何かを待っている、何を待っているのか語り手本人も言語化できず、故に読者にも分からないので、様々な解釈と研究がされている。

尚、この作品は、青空文庫に登録されており、無料で読むことができます。

https://www.aozora.gr.jp/cards/000035/card2317.html

【晴明神社】


安倍晴明所縁の神社。京都市上京区晴明町にある。

創建は、寛弘四年（一〇〇七年）。

『「超」怖い話』が、まだ勁文社から出ていた頃。

樋口明雄さんが晴明神社の「お守り」を持ってきて、平山夢明さんと加藤一さんに、

「持っておくように」と言って渡した。

暫く皆で持っていたが、平山さんのお守りだけが、ぱつんぱつんに膨らんで円筒形になってしまった。

「こりゃ、やべーわ」と言って、青くなった樋口さんが全員分回収して、どこかへ持っていった。

晴明神社のお守りが凄いのか、平山さんがヤバいのかは、未だに謎だという。


【ロータス・ワンド】

最強の魔法兵器。菅原さんのは手作りのもので、使い方は西洋魔術の結社に入らないと分からないらしい。


【「バケモンにはバケモンをぶつけんだよ」】

映画『貞子VS伽耶子』で、霊媒師の常盤経蔵が吐いた名台詞。

ある意味、御霊信仰における力関係での真実を突いていると思われる。

白石晃士監督作品。

【座敷牢の夢】

私宅監置禁止時にどこかに秘蔵された、美しい鳥籠のような組み立て式の座敷牢が、少女のような声で呼びかけてくるという夢。詳しくは前著参照のこと。

【ドズル中将】

ジオン公国デギン公王の三男。身長二メートルを超える巨漢である。ソロモン攻略戦において、試作モビルアーマー「ビグ・ザム」に搭乗し連邦艦隊に特攻。ガンダムのビームサーベルで葬られる。

【みやび】

北九州市小倉北区宇佐町にある貸衣装屋さん。北九州市名物のド派手な成人式衣裳は、ここと新成人の二人三脚で発展してきた。

当初は眉を顰める者も多かったが、もはや伝統となり、何となく地域のＤＮＡが受け継がれている気がするので、最近では苦笑いで受け入れられている。

ちなみに、ウエディングドレスやパーティドレス、和装も凄いのが揃っています。


【山田地蔵尊】


『怨霊黙示録 九州一の怪談』に詳しい。

正確には「山田地蔵尊 増福院」である。

山田事件で殺された六人の怨霊を鎮めようと、六霊を合祀して六地蔵を作りここに安置したのが発祥。宝物庫には菊姫愛用と伝わる鏡や貝合わせなどが所蔵されている。また、粉々になった平釜の破片もあるとのこと。

怨霊譚の絵巻物も伝わっており、菊姫は当然描かれているだろうから、これが笑みを浮かべるのなら『残穢』の問題は解決しそうなのだが、本当に笑われると死んじゃいそうなので、僕はまだ確かめてはおりません。

……そっとしておきましょう……。

現在は安産祈願・子育て・子供の息災などに霊験があるとのことで、篤い信仰を集めています。

それでは、機会があればまたお会いしましょう。

※本書に登場する人物名は、実在・存命の人物名を伏せるための仮名を除き、歴史上に実在したものとして伝承されている人物の実名及び、歴史的資料の作者筆名です。先行する歴史研究資料等に基づき極力正確な表記を心がけていますが、一部、表記困難なため新字に置き換えている箇所があります。また、作中に登場する歴史的資料からの引用内容などは、発表当時のものを可能な限りそのまま掲載しています。実在の歴史上の人物名と文献資料の表記が異なる場合、可能な限り、通用表記と原典表記に準拠しています。これらは現代に於いては若干耳慣れない言葉・表現である場合がありますが、差別・侮蔑を意図する考えに基づくものではありません。

参考文献

筑豊　石炭の地域史　永末十四雄　NHKブックス
蓮門教衰亡史―近代日本民衆宗教の行く末　奥武則　現代企画室
加藤司書の周辺―筑前藩・乙丑の獄始末―　成松正隆　西日本新聞社
ですかばあ北九州　石碑は語る　馬渡博親　赤星文明　櫻の森通信社
石炭物語　柴田貞志　水巻町長 伊藤衛門
宗像路散歩　上妻国雄　上妻国雄

羅刹ノ国　北九州怪談行

2021年5月5日　初版第一刷発行

著者……………………………………………………………………………菱井十拳
監修…………………………………………………………………………… 加藤 一
カバーデザイン……………………………………………… 橋元浩明（sowhat.Inc）

発行人…………………………………………………………………………後藤明信
発行所…………………………………………………………………株式会社　竹書房
〒102-0075　東京都千代田区三番町8-1　三番町東急ビル6F
email: info@takeshobo.co.jp
http://www.takeshobo.co.jp
印刷・製本……………………………………………………………中央精版印刷株式会社